超多忙な弁護士が教える

時間を増やす思考法

谷原 誠
Makoto Tanihara

フォレスト出版

はじめに
――1年間に1400時間以上の自由な時間を作り出している私の方法

近年、時間管理術に関するノウハウ本が売れています。

しかし、多くの時間管理術のノウハウ本は、計画の立て方や予定の立て方、細切れの時間の使い方など、テクニックの解説に終始しているように思えます。

その結果、時間に追われている人が読んで、「時間不足が解消された」という話はあまり聞きません。

時間管理の仕方が上手になっても、さらにやることが増え、「さらなる時間管理術が必要になる」というのが現実です。

そもそも時間管理術とは、次の2つの問題を解決するためにあります。

1　自分の時間を何に投下するのか?

2　その時間で最大のパフォーマンスを発揮するには、どうしたらよいのか?

いきなり結論ですが、「自分の時間をある分野に投下する」ということは、「ほかの分野を捨てる」ということを意味します。つまり、時間管理という概念は、**「自分の人生で何に重きを置き、そのほかのことをいかにあきらめていくか」**という生き方の問題でもあります。人生は、自分の時間をいかに使っていくかであり、使った結果、残りの人生が減っていくものだからです。

その意味で、小手先のテクニックでは、時間管理に関する問題は永遠に解消しません。

私は、25歳で弁護士になり、20代の頃は、自宅に帰る時間が惜しいので、法律事務所に寝袋を持ち込んで、睡眠時間は4時間くらいで仕事をしていました。

そして今は、25人の弁護士が在籍する法律事務所の代表パートナーであり、若い頃に比べると仕事の量は増えていますが、自宅でたっぷり7時間は睡眠をとっています。

そのうえで、たくさんの自由な時間を作り出しています。その時間で何をしているかというと、私の場合は年間何冊も著書を執筆したり、セミナー講師をしたりしており、とても充実した生活を送っています。

2019年は、弁護士業務をやりながら、法律専門書3冊、ビジネス書1冊の合計4

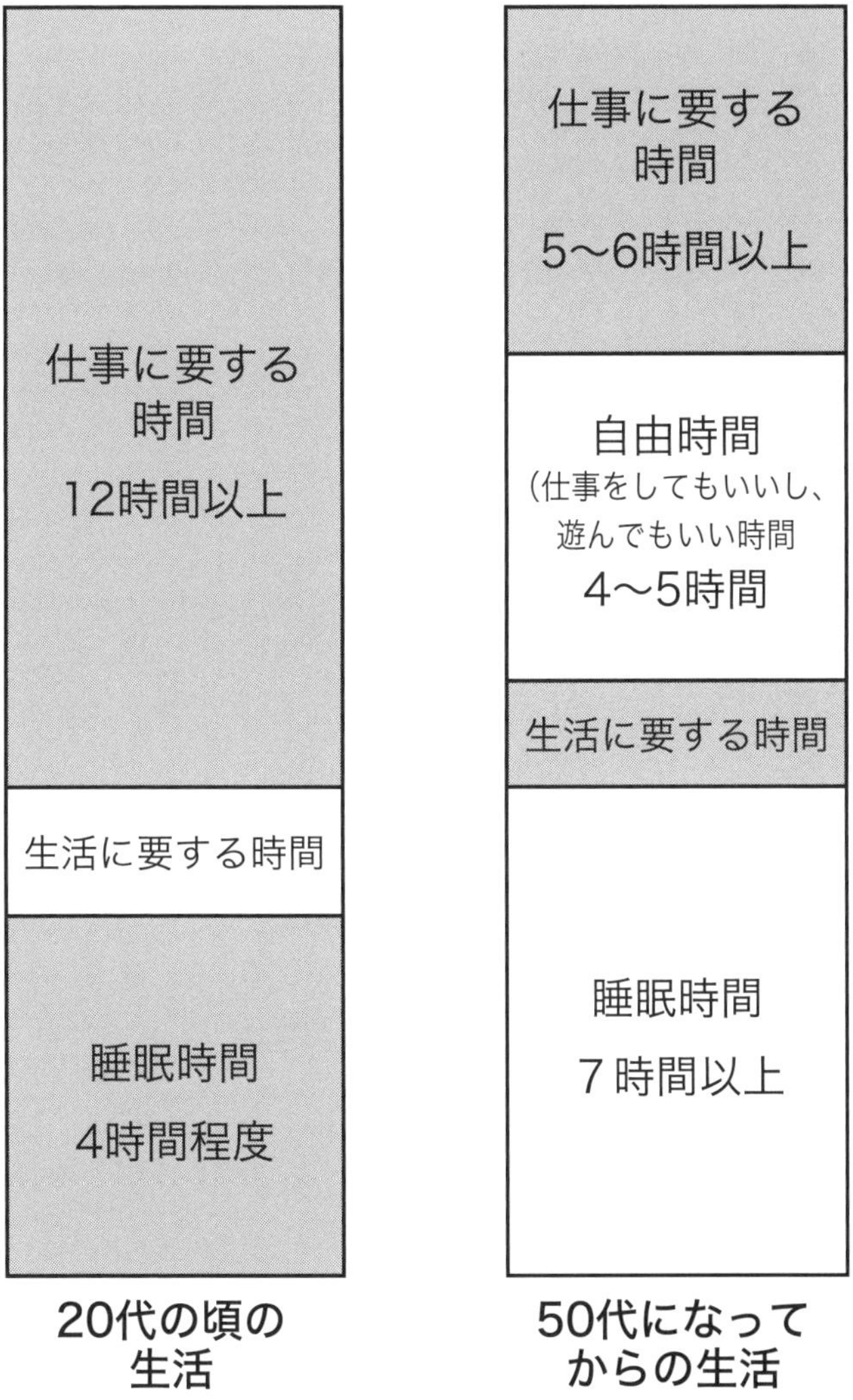
仕事に要する
時間
12時間以上
生活に要する時間
睡眠時間
4時間程度
20代の頃の
生活
仕事に要する
時間
5〜6時間以上
自由時間
(仕事をしてもいいし、
遊んでもいい時間
4〜5時間
生活に要する時間
睡眠時間
7 時間以上
50代になって
からの生活

冊を出版しています。専門書はライターさんに口述筆記してもらうことができませんし、1冊書き上げるのに調査を含めると200時間以上はかかるので、専門書の執筆だけで3冊分、600時間以上を作り出していることになります。そのほかにビジネス書を1冊書き上げ、講演を約30回引き受けています。1年間で1400時間以上は作り出しているのではないでしょうか。

そして、2020年はすでに2冊を出版し、本書を含め現在3冊が進行中です。つまり、弁護士業務をやりながら、年間5冊の出版を予定していることになります。

私の場合は、作り出した時間を執筆などにあてましたが、皆さんは趣味に使ってもいいでしょうし、家族サービスに使ってもいいのです。もちろん、ゴロゴロしながらゲームをするのも自由です。1400時間を1つのゲームに費やしたら、もはや達人ですね。

本書では21個のエピソードを通じて、私がたくさんの自由時間を作り出した時間管理の方法について解説します。最大のポイントは、「やりたいことをあきらめて、捨てる覚悟を持つ」ということです。ここが難しいので繰り返し説明させていただいています。実践すれば必ず自由な時間が増えます。あなたの自由な時間が増えることを願っています。

目 次

contents

はじめに――1年間に1400時間以上の自由な時間を作り出している私の方法……001

第1章 お金と同じように時間を考える

Episode 01 時間富豪のススメ……012
Episode 02 優先順位の原則……020
Episode 03 断る勇気……031
Episode 04 村上春樹氏の時間管理……045
Episode 05 なぜ計画は、いつも遅れるのか?……054

第2章 発想を切り替えるだけで時間は増える

Episode 06 意志というガソリン …… 070

Episode 07 ポジティブシンキングでムダな時間をなくす …… 080

Episode 08 あきらめる勇気 …… 095

Episode 09 あと回しのワナ …… 107

Episode 10 自分がコントロールできることに集中する …… 119

第3章 休憩と睡眠をたっぷりとるほど時間は増える

Episode 11 休憩の極意 …… 132

Episode 12 木こりと斧から学ぶ仕事効率化 …… 142
Episode 13 ToDoリストのワナ …… 151
Episode 14 時間は金貨 …… 162
Episode 15 睡眠時間をたっぷり確保する …… 168

第4章 テクニックを捨ててルールを見直すと時間は増える

Episode 16 病気の鹿 …… 180
Episode 17 マルチタスクのワナ …… 188
Episode 18 目標達成は「イス取りゲーム」 …… 197
Episode 19 環境を断つ勇気 …… 206

Episode 20 親からお金を分けられた3人の兄弟……214
Episode 21 「ウサギとカメ」の真実……225

おわりに

おわりに――「前向きにあきらめる」ことで有意義な人生を手に入れる……234

ブックデザイン　bookwall
本文図版&DTP制作　津久井直美
プロデュース&編集　貝瀬裕一（MXエンジニアリング）

第1章

お金と同じように時間を考える

Episode 01

時間富豪のススメ

明治時代の話である。1人の少年が11歳で父親を失い、極貧生活の中、百姓仕事を手伝いながら苦学して上京する。

19歳で試験に落第。「家族に合わせる顔がない」と古井戸に飛び込んで投身自殺を図るも、手が引っかかって死に切れなかったことで改心。必死に勉強に励み、学校を首席で卒業した。

23歳でドイツに留学したが、資金不足のため、通常4年間の課程を必死の勉強により2年で修了し、博士号を得る。

25歳で東京帝大の助教授になると同時に、お金で苦労した経験から、貧乏生活からの脱却を図るため、貯金を始める。

地道な貯金と投資により、40代で現在の価値で１００億円以上の資産を築くことになる。

彼は、60歳で教授を退官する際に、必要最小限の財産だけを残し、ほぼすべての財産を教育や公益関係機関に匿名で寄付をした。

誰でも確実にお金持ちになれる方法

これは、明治時代に活躍した人物で、日本で最初の林学博士となった本多静六《せいろく》氏の人生です。

研究者として大学で講義をしたり執筆をしたりするかたわら、日本初の洋風公園である日比谷公園など日本各地の有名な公園を作り、「公園の父」とも称されています。

本多氏のすごいところは、本職での名声もさることながら、その日の食べ物にも困るほどの貧乏生活から、財産を一代で築き上げ、大資産家となったことです。

彼の本業は大学教授です。知識人として尊敬されこそすれ、会社の経営者などと違い、100億円もの資産を築ける職業とはいえないのではないかと思われる方もいるでしょう。では、本多氏は、どうやってお金持ちになったのでしょうか。

それは「天引き貯金法」あるいは「強制貯蓄法」ともいう方法です。具体的には、給料などの定期収入は4分の1を、原稿料などの臨時収入は100パーセントを、必ず貯蓄することを自分に課していました。

年齢を重ね、収入が多くなったときだけではなく、薄給だった20代の頃から生活を切り詰めてこの習慣を続けていたそうです。当初は、妻子や親戚など養わなければならない家族が多くいる中、給料の4分の1を貯金してしまうと生活は相当苦しく、月末になるとお金がなくてゴマ塩だけでごはんを食べるなどもしていたようですが、それでも妥協をせず徹底して貯金を続けました。

利息は時間とともに大きくなりますので、若いうちから貯蓄の習慣を身につけたほうが有利であることは言うまでもありません。

そして、本多氏は、コツコツ貯めた預金が大きくなってきたところで、株式や不動産などへの分散投資を実施します。次第に、投資での収入が本職での収入を上回るようになり、大資産家となったのです。

ちなみに、安田財閥の創始者である安田善次郎氏も、収入の2割を必ず貯蓄するという、同様の方法を行ない財を成したことで知られています。

そして、同じ方法は、ベストセラー『バビロンの大富豪』（ジョージ・S・クレイソン、グスコー出版）でも紹介されています。

「確実に財産を築きたい」と考えている人は、ぜひ読んでみてください。強い意志さえあれば、確実に蓄財できると確信が持てるでしょう。

継続的な倹約や貯蓄が大切であると頭ではわかっていても、お金は、目の前にあるとつい使い切ってしまうものです。収入の一部を天引きし、最初から「ないもの」と考えて貯めていく方法は、人間の本性に根差した普遍的な方法なのかもしれません。

「天引き」することで自由な時間を増やそう

さて「時は金なり」といいますが、私はこの天引き法は、お金だけではなく、時間についても応用できるのではないかと思っています。

時間は形がないもので、流れていくものですから、それ自体は「貯める」ことができません。しかし、ただ流れるにまかせるのではなく、限られた時間のうち、一部を必ず「投資」していくという考え方は可能ではないでしょうか。

私たちは1日24時間の時間の中で、仕事や遊び、睡眠などのスケジュールを決めています。しかし、目の前のお金を使ってしまうように、時間もまた浪費しがちです。

そこで、**強制的に時間を「天引き」してみては、どうでしょうか。**

たとえば「1日は22時間だ」とか「20時間だ」と考えて、スケジューリングをしていきます。そして、天引きした2~4時間には、絶対に予定を入れず、最初からないものとして、残りの時間で「やりくり」していくのです。スケジュール帳に、強制的に空白部分を作ってしまいます。

1日2時間は1年365日で730時間になります。また、4時間であれば1460時間です。この時間は、あなたの自由に使うことのできる時間です。

私のように執筆などの仕事周辺の作業に使ってもいいし、趣味に使ってもいいでしょう。

1日24時間という前提で考えていると、どうしても、時間が足りなくなってしまうものです。

発想を転換し、与えられた時間の一部を投資する習慣を早くから身につけることによって、長期的に預金に利息がつくのと同じように、大きな成果となって表れてくれるのではないでしょうか。

時間という資産を何に投資しますか？

本多氏は、貯金だけではなく、自己投資の習慣も続けていました。

それは、「1日1ページの文章執筆」です。

天引き貯金を始めた25歳のときから、出版的に商品価値のある原稿を毎日1ページ（32字×14行＝４４８字）以上書くということを自分に課していたのです。

その継続方法は貯金と同じように妥協を許さないものでした。

たとえば、1週間旅行するとなれば、その間は休みとするのではなくて、その7ページは、帰ってきてからの7日間で2ページずつ書いて取り戻したり、あらかじめ書けない日の分を繰り上げて事前に多めに書いたりしました。腸チフスで1カ月入院したときでさえ、退院翌日から1カ月分を取り返すべく1日３ページを書いたという徹底ぶりでした。

それは80歳をすぎてもなお続けられ、著作は実に370冊を超え、印税収入を子どもの養育費にあてたりすることができたそうです。私は現在50冊以上の著作がありますが、370冊というのは、私からしたら気の遠くなるような数です。

驚くべき意志力の持ち主だと思いますが、「あくまで忍耐と継続が大切で、最初のうちはずいぶん苦しかった」と本人も述べています。しかし、その苦しさに屈せず意地でも続けていく中で、次第に慣れて、続けることが面白くなってきたそうです。

これが「習慣化する」ということの本質だと思います。

本多氏は、莫大な財産を寄付したあとも、87歳で亡くなるまで、質素な生活をしながら、社会事業に貢献したり、執筆をしたり、さまざまな学問を学んだりと自己研鑽の努力を怠りませんでした。彼は「大富豪」であると同時に「時間富豪」でもあった人といえるでしょう。そう考えれば、彼が大富豪となったのも、時間富豪でありつづけたゆえに生じた結果にすぎないとも思われます。

私たちも、天引き法による貯蓄で、「時間富豪」を目指したいものです。

そのためには、1日のうちに自分にとって長期的な投資となることを何か1つでもやろうと決めたならば、妥協を許さず、苦しさを通り越してそれが習慣となるまで続けることが大切だと思います。

「投資」という考え方からすると、「先行投資」という方法もあります。初期設定に時間がかかって時間がもったいないからという理由で、いつまでも古いパソコンやスマホを使いつづけている人はいないでしょうか。かなり動作が遅くなっているはずです。これこそ時間のムダです。設定に時間がかかるのは、最初だけです。**時間を先行投資すれば、そのあとは、投資した時間をどんどん回収してくれます。**

あなたもぜひ、時間についても「投資」という観点で考えてみて、あとで大きな利益を回収して、時間という資産の富豪を目指していただければと思います。

「真の成功には速成というものはない。ただ除々に確実に急がず休まずに進む以外に名案良策はないのである」

——本多静六

Episode 02 優先順位の原則

夜7時すぎ。仕事を終えて帰宅した女性が、急いで家族の夕食の準備をしていると、電話が鳴った。エプロンで手を拭きながら、「この忙しい時間に誰？」と、ややいら立ちながら電話に出ると、隣の町に住んでいる80歳の母親だった。

「デパートでちょっと見たいものがあるんだけど、明日車で連れて行ってくれないかしら？　好きな服を買ってあげるわよ」

翌日は土曜日で仕事は休みだったが、平日は仕事と家事、子育てに追われている女性は、たまった掃除や洗濯を週末に片づけようと思っていたのだった。

それに、久しぶりに美容室にも行きたかった。そして何より今は、間もなく帰ってくる夫や子どもたちのために、一刻も早く夕食を作らなければならないときだ。母親ののんきな電話に付き合っているヒマはない。

「今週末は無理だよ。もっと早く言ってくれないと、こっちだっていろいろ予定があるんだから。まあ来週ならば大丈夫だと思うけど。今ごはんを作ってて忙しいからまたあとで連絡するから」

やや冷たく答えた女性に対し、母親は寂しそうな声で「わかったわ」と言った。

夕食後、やっと一息ついた女性は、夫に、

「まったくお母さんったら、忙しい時間に限って電話してくるんだから。買い物に連れて行ってほしいなら、もっと前から言ってくれなくちゃ。こっちだって家のこととかいろいろやりたいことがあるのに」

とグチを言った。

もちろん女性は母親のことを愛していたし、親孝行をしたいと思ってはいたが、忙しい毎日の中で、自分が母親の思いつきで振り回されることが腹立たしかったのだった。それきり母親のことは忘れて、週末がすぎても電話をかけ直していなかった。

翌週の水曜日、母親が意識を失って倒れたと病院から連絡があった。

病院に向かう車の中で、女性は泣きながら考えていた。

「もしこのままお母さんが死んでしまったらどうしよう？　どうして私は先週会いに行ってあげなかったのだろう？　家事なんていつだってできるのに……、これからもっともっと親孝行したいと思っていたのに……、ああ、お母さんにもう会えなくなってしまったらどうしよう？」

恐ろしい考えに、身震いがする。

「先週ばかりじゃない。自分はもっと親孝行したいと思っていたけれど、いざお母さんと会ったり電話をしたりすると、態度や言葉にいら立ってきつく言い返したり、何かを頼まれても忙しさを理由に断ったり、夫にグチを言ったりしてしまっていた。感謝の気持ちはあるけれど、照れくさくて、ありがとうもきちんと言っていなかった。何年も前から、旅行に連れて行ってあげたいと思っていたけれど、結局まだ連れて行ってあげていない。なぜ早く連れて行ってあげなかったのだろう？」

後悔ばかりが胸に浮かんだ。

駆け込んだ病室には、すでに息を引き取った母親の姿があった。

人生の優先順位は決まっていますか？

愛する人の病気や死によって、大切なものは何かに気づかされたり、人生観が変わったりするという話はよく聞きます。残念なことに、「気づいたときにはもう遅かった」ということも少なくないでしょう。

この女性も、母親が元気なときに、「あなたの人生において、母親とすごす時間と家の掃除、どちらが大切ですか？」と質問されれば、もちろん「母親とすごす時間のほうが大切だ」と答えたでしょう。しかし、日常生活の中で判断するとき、その瞬間の状況や感情に影響され、ただ反応することによって、結果的にあとで後悔するような決断をしてしまいました。

こんな話もあります。

ある上司が、猛烈に忙しく仕事をしているときに、部下から「ちょっと相談があるのですが、よろしいでしょうか」と声をかけられた。

上司は、忙しかったので、部下の顔も見ずに、「今は忙しいからあとにしてくれ」と答えた。

1時間後、同じ部下がやってきて、「今、お時間よろしいでしょうか」と聞いた。

上司は、引きつづき忙しかったので、イライラしながら、「あとにしてくれと言っただろう！」と答えた。

翌日の朝礼で、その上司は、「私の時間は皆さんの時間を最大間有効活用するためにある。だから、質問などがあれば、いつでも私のところに来てほしい」と話していた。


この上司の態度が矛盾していることは明らかです。おそらくこの上司は、朝礼で話したことを理想としては持っているのでしょう。しかし、日常の行動の中では、そのときの感情に流されて部下に対応してしまっているのです。

時間管理というと、「いかに自分の時間を効率的に使うか」ということに意識が向きがちです。

しかし、その前に「自分の時間をどこに使うのか」を決めなければなりません。

「自分の時間をどこに使うのか」を決める際に必要となるのが、その人が「人生で何を優先するのか」という人生における優先順位です。

人間の1日は、起きる瞬間から寝る瞬間まで、「そのときに何をするか」という選択と決断の連続です。その選択と決断をするときに、自分の優先順位がしっかり確立されていないと、単にそのときどきの感情で反応してしまい、人生で優先すべきではない事項を選択してしまうことがあります。

先ほどの女性も、母親から「買い物に連れて行ってほしい」と言われたとき、「母親とすごす時間を優先する」という人生における優先順位が確立されていれば、母親の頼みを断ることもなかったでしょうし、そもそもいら立ちを覚えることもなかったでしょう。夕食の準備で忙しかったら、「夕食後にまたかけ直すからゆっくり話そう」と優しく母親に言うこともできたはずです。

先ほどの上司も、「自分の仕事は、部下に最大限効率的に仕事をさせることだ」という優先順位が、ただの理想としてではなく、行動の基準として確立されていれば、部下から相談があったときに、感情的に反応せず、いったん仕事の手を止めて部下の相談に乗ることができたでしょう。

自分の価値観をわかっていますか?

では、どうすればその優先順位を確立することができるでしょうか?

まずは自分が大切にしている価値観を知ることです。

そのために、自分の人生で何が大切かについて、紙に書き出していくといいでしょう。「お金を稼ぐ」「家族との時間を大切にする」「正直に生きる」「常に前向きな気持ちでいる」「仕事で相手の期待を上回る成果を提供する」など、大切にしたい価値観は人それぞれです。

自分の価値観がわかったら、それをもとに、人生でやるべきことの優先順位をつけていきます。

すべての価値を優先することはできません。時間が絶対的に足りないのです。そして、私たちは、同時に複数のことに取り組むことができないのです。どうしても、優先順位をつける必要があります。

ウォーレン・バフェット氏は、世界で最も成功しているアメリカ合衆国の投資家です。世界最大の投資持株会社であるバークシャー・ハサウェイの筆頭株主であり、同社の会長兼CEOを務めています。ネブラスカ州オマハを中心とした生活を送っているため、人びとは敬愛の念をこめて「オマハの賢人」と呼んでいます。数兆円規模の資産を持ちながらも、大変質素な生活を送っていることでも有名です。

そのバフェット氏が、プライベートジェットの専属パイロットにした質問があります。パイロットは、自分のキャリアについて悩んでおり、バフェット氏に相談しました。

すると、バフェット氏は、彼に質問します。

「あなたが今後の人生で達成したい25の目標はなんですか？」

パイロットは、その質問に対する答えを書き留めました。

次に、バフェット氏は言います。

「では、その25の中で、最重要な5つの目標はなんですか？」

パイロットは、最重要な5つをピックアップしました。

バフェット氏は、続けて言います。

「今すぐその5つに取りかかりなさい。そして、その5つを達成するまで、ほかの20に取りかかってはいけません」

つまり、バフェット氏は「人間の能力は有限なので、いくつものことを同時に集中して行なうことは不可能だ」ということを言いたいのです。そして、「人生における優先順位をつけることが大切だ」ということです。

それが、時間を効率的に使う方法を考える前にぜひともやっておきたいことなのです。

「目的なしに行動すべきにあらず。処世の立派なすばらしき原則の命ずるよりほかの行動はなすべきにあらず」

――アウレリウス『自省録』

■自分が優先的に時間を使う価値観のリスト

自分の時間を何に優先的に使いたいのか、次の価値観リストを参考に考えてみましょう。自分の時間を使う場合、これらの複数の価値観の間で衝突が起こります。その際、どれかの価値観を優先すると、ほかの価値観を犠牲にすることになります。

自分の軸を確立することが大切です。

自分の優先度を10点満点とすると、次の価値観は、あなたにとって何点でしょうか？

点数の高いものを判断の中心軸に置いて、自分の時間を投下していくことになります。

価値観	点数
自己成長	
家族	
社会的な成功	
お金を稼ぐ	
仕事	
所有物	
遊び、楽しいこと、趣味	
友情	
宗教	
人助け	

Episode 03 断る勇気

2人の男性の物語。

取引先の社長のグラスが空きそうなのを敏感に察知して、男性は追加の飲み物をオーダーした。接待の幹事として、失礼がないようすみずみまで気を配らなければならない。社長は機嫌よく、趣味のクルージングの話を続けている。

「船の上でバーベキューをしたり、釣りをしたり、シュノーケリングしたり、本を読んだり、みんなそれぞれ好きなことしてすごすんだ。海の上は最高だよ」

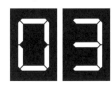

すかさず、男性は感心したように言った。

「それは最高でしょうねえ。クルージングなんてまさに大人の趣味ですね。憧れます」

しかし、男性は本当は海よりも山のほうが好きだった。大学時代は山岳部だったのだ。海は、船酔いもするし、むしろ苦手だったが、そんなことはおくびにも出さなかった。社長は男性のほうを向いて上機嫌でこう続けた。

「それならぜひ君も来たまえ。ちょうど来週の週末にも予定してるんだ。仕事抜きで楽しもう」

男性はほんの一瞬だけ躊躇したが、すぐに

「いいんですか？　ありがとうございます！　楽しみです！」

と笑顔で答えた。

　しかし、言った瞬間から、後悔が始まっていた。実は来週の週末は、10歳の息子と山登りをする約束をしていたのだ。息子と2人で登山に行くのは初めてだった。週末はいつも接待ゴルフの予定があったりと忙しく、ほんのときたまプライベートで時間があり、趣味の登山に行くときは、登山仲間や友人と行ったりしていたからだ。

　今回は、大きくなって体力もだいぶついてきた息子に、登山の楽しさを教えてあげたいと思って計画を立てたのだ。息子は、だいぶ前からリュックや靴を準備したり、男性の持っている山の本を眺めたり、それはそれは楽しみにしていたのだ。


「ああ、オレはどうして行くと言ってしまったんだろう」

「息子はさぞがっかりするだろうなあ」

「でも取引先の社長の誘いなんだから普通断れないよ、仕方ないよな」

「息子には謝ってまた予定を立てればいいか。ああ、でも週末立てつづけに予定があるから少し先になるな……」

「1日クルージングかあ。おっくうだなあ。仕事抜きとは言われても気はつかうしなあ」

社長を乗せたハイヤーに向かってお辞儀をしながら、男性は憂鬱な気分だった。

「なんで⁉　約束したのに‼」

週末登山に行けなくなったことを告げると、息子はショックのあまり声を震わせて父親に言い返した。目にはみるみる涙があふれてくる。

「仕事の相手の社長さんからの誘いだから、仕方がないんだ。お父さんだって、本当は行きたくないんだよ」

「行きたくないならなんで行くの？」

しゃくり上げながら息子が尋ねる。

「それは仕事の付き合いっていうのがあるから」

「僕よりも仕事のほうが大事なんだね。お父さんはいつだって仕事ばっかりじゃないか！」

「お父さんが仕事しているのは、お前やお母さんのためなんだよ」

男性は力なくそう言ったが、息子は「もういい！」と叫んで部屋へ行ってしまった。男性はため息をついた。

翌日、泣きはらした目をした息子を見て心が痛んだ。なるべく明るく声をかけた。

「悪かったね。来月になるけど、また登山の予定を立てよう」

しかし、息子は父親の顔も見ずに冷たい声で答えた。

「どうせまた行けなくなるんでしょ。もういいよ。もう山なんか行きたくない」

週末は晴天だった。白く輝くクルーザーのデッキで、人びとがなごやかに談笑したり、釣りをしたり、思い思いに楽しんでいる中、男性は浮かない顔でぼんやりとデッキチェアに座っていた。

「ああ、オレはどうしてこんなところにいるんだろう。本当だったら今頃は息子と山にいるはずだったのに」

後悔の念ばかりが浮かび、船酔いもあって気分が悪い。誘ってくれた社長から話しかけられても上の空だった。心地よい海の風も波の音も潮の匂いも、男性は感じることができなかった。

数カ月後、その取引先から取引を打ち切る旨の連絡があった。


同じ頃、別の場所で。

少年はその日が待ち遠しくて仕方がなかった。

「お父さんと2人で野球を観に行くんだ！」

父親と2人でプロ野球のオールスターゲームの観戦に行く約束をしたのだ。野球は大好きだったが、プロ野球を生で観戦するのは初めてだった。でも何よりもうれしいのは、父親を1日独占できることだ。

父親は会社の経営者で忙しく、家族で出かける機会もそう多いわけではなかったし、少年にはまだ小さい弟がいて、家族で出かけても、両親の注意はどうしてもその弟のほうに向いてしまいがちだった。「自分はお兄ちゃんなのだから仕方がない」と言い聞かせてはいたが、寂しい気持ちはあった。だから、父親から「7月にプロ野球のオールスターゲームを2人で観に行こう」と言われたときは、飛び上がるほどうれしかったのだ。

父親はその日1日は仕事を完全に休みにして、少年とすごすことにしてくれた。2人は1カ月も前から、張り切ってその日のプランを立てた。

午前中は少年の新しいグローブを買いに行き、お昼は少年の大好きなオムライスを食べる。公園でキャッチボールをして、ボートに乗る。おやつにソフトクリームを食べる。野球場へ着いたら、チームのユニフォームとタオルを買う。父親はビール、少年はジンジャーエールで乾杯をする。焼肉弁当と焼きそばを買って、観戦しながら食べる。

少年は指折り数えてその日を待っていた。

待ちに待った当日。気持ちのよい晴天だ。少年は意気揚々と父親と出かけた。スポーツショップでぴかぴかのグローブを買い、お店を出たところで、父親が初老の男性に声をかけられた。どうやら父親の仕事の関係の人のようで、父親もにこやかにあいさつを返し、息子とオールスターゲームを観に行くことなどを話していた。すると、その男性が言った。

「息子さんと野球観戦なんてうらやましいですね。野球が始まるまでまだ時間がありますよね？　うちの系列店のフレンチのお店がちょうど近くにあるんですよ。私もあと少しで商用が終わりますから、次のプロジェクトの相談も兼ねて、一緒にランチをどうです？　ご招待しますよ。息子さんも。好きなデザート食べ放題だよ」

最後のほうは少年に向かって笑いかけながら言った。

少年はあいまいにうなずいたあと、下を向いた。フレンチなんて全然食べたくなかったし、デザートもいらなかった。父親と2人でオムライスを食べたい。キャッチボールをしたい。仕事の話なんて聞きたくない。父親と2人で1日をすごしたい。けれど、父親の仕事関係の人だし、父親も愛想よく接していたので、断るわけにはいかないだろうとあきらめて、悲しい気分になっていたのだ。

父親は案の定、

「ご招待ありがとうございます！　フレンチいいですね」

と明るく答えた。少年は父親の顔を見ることができなかった。こみ上げてきた涙を隠したかったからだ。

するど、父親が続けて言った。

「けれど、今日はこのあとも野球が始まるまでの間に、息子といろいろなプランを立てているんですよ。フレンチはぜひまた今度うかがいたいです。よろしければ今、日程がわかれば予定を入れたいのですが」

相手の男性は最初少しだけ驚いた顔をしたが、すぐに笑顔になって、

「それは失礼しました。大事な予定があったんですね。それでは日程を確認してみましょう」

と手帳を出して予定を確認し、約束をして、「野球楽しんでね」と少年に声をかけて去って行った。

「さて、オムライス屋さんに行こうか」

父親は何事もなかったように少年の肩に優しく手を回して、2人は一緒に歩きだした。

少年は大人になってからも、父親とすごしたこの最高に楽しい1日のことを忘れなかった。

「やりたくないこと」を減らす方法

最初の男性の例は、皆さんにも大なり小なり思い当たることがあるのではないかと思います。

ゴルフ、飲み会、セミナー、旅行など、本当は行きたくないのに断れなくて参加した、という経験がある人は多いと思います。

仕事関係の誘いにすべて応じていたら、時間がなくなるのは当然です。すべての人の時間は1日24時間と決まっています。それ以上でも、それ以下でもありません。

この男性は、付き合いに時間をとられ、やりたいことがどんどんできなくなっていることでしょう。

そして、「時間がない、時間がない」と忙しい思いをしていることでしょう。

時間の有効活用の秘訣は、次の2つです。

1　やることを絞り込む

2　集中する

自分がやることを増やしすぎると、すべてが中途半端になってしまい、後悔の多い人生を送ることになってしまいます。

やることを減らすには、自分にとって大切なことの軸を決めることです。

自分の行動を決めるにあたって、優先順位が高いものは何か、その価値観を定めることです。

人によっていろいろあるでしょう。

「仕事で成功する」「お金を稼ぐ」「家族との時間を大切にする」「1人の時間を大切にする」「とにかく楽しく生きる」など、さまざまです。

1人目の男性は、「仕事で成功する」ということが最も大切な価値観なのでしょうか。それなら、息子との時間より、取引先との時間を優先することもあり得るでしょう。しかし、そうであれば、後悔することはないはずです。したがって、この男性は、仕事での成功を優先することに価値観が定まっているわけではありません。

仕事で成功することが自分の最も優先することであると価値観を定めたならば、それが行動の決定基準になります。

息子と山登りの約束をするときには、

「来週の週末は山登りに行こう。でも、もしかしたら、仕事が入るかもしれない。その場合は、予定が先になるけど、いいかな？」


と仕事が優先されることを断ったうえで約束することになるでしょう。

それなら、息子のほうも心がまえができて、仕事の都合で山登りに行けなくなったことを告げても、「じゃあ、いつにする？」という展開になったのではないでしょうか。

「家族との時間を最も優先する」ということであれば、取引先の社長から誘われた場合にも、即座に「申しわけございません。その日は先約がありまして」と断ることになるでしょう。優先順位が確立しているので、迷うこともなく即座に断ることができ、後悔することもありません。

確かに、他人からの誘いや要望を断るというのは簡単なことではなく、ストレスがかかります。しかし、安易にそれに応ずることは、有限である自分の時間を提供することを意味することを忘れてはいけません。

自分の時間は、自分が大切にしていることに最大限投下していくことが大切です。

そのために、価値観を確立し、人の誘いや要望を断る勇気を持つことが大切でしょう。

「大事なのは、自分の時間をコントロールすることだ。そして、きちんと〝ノー〟が言えなければ自分の時間はコントロールできない。他人に自分の人生の予定を決められているようではだめなのだ」

――ウォーレン・バフェット

Episode 04 村上春樹氏の時間管理

その日、村上春樹氏は、午前4時に目覚めた。彼は起き上がると、すぐにパソコンの前に座り、原稿を書きはじめた。

そして、そのまま4~5時間、ひたすらに原稿の執筆を続けた。

昼頃、原稿の執筆を終えた彼は、ランニングをした。

昼すぎからは音楽を聴いてゆっくりとすごした。

その間食事もし、その日は21時頃にはベッドに入り、眠りに落ちた。

最高のパフォーマンスを生み出すスケジューリングとは？

1日をどう使うかは、悩ましい問題です。

ビジネスパーソンは、スケジューリングにより1日の時間の使い方を管理していますが、その使い方が職業によって異なることは言うまでもありません。

会社員は、通常、始業時間と就業時間が決まっており、決まった時間、指示を受けながら仕事をしなければなりません。一方、フリーランスの方は、納期までに成果物を完成できればいつ仕事をするかは自由です。

私は弁護士事務所の代表をしていますが、基本的には仕事の時間は自分で決めます。始業時間と就業時間は、はっきりとは決まっていません。毎日の仕事を自分でスケジューリングして決めていくことができます。

しかし、そこで気づくことがあります。時間が比較的自由になるといっても、どの時間帯に何をするかは、ベストな形がだいたい決まってくるということです。

では、「自由業」の人たちの時間の使い方は、どうでしょうか。気になるところです。典型的な自由業として多くの人が思いつくのが専業の作家ではないでしょうか。そこで紹介するのが、日本を代表する小説家、村上春樹氏の1日の使い方です。

村上氏の主な仕事はもちろん小説を書くことです。原稿を書くという行為については、いつでもどこでもできるもので、時間と場所の制約はありません。

昔の小説家のイメージといえば、書きたいときに書き、気持ちが乗らなければ書かない。そして、締め切り寸前には編集者から矢の催促。温泉旅館やホテルで缶詰めになって、灰皿をタバコの吸い殻でいっぱいにしながら夜遅くまで書きまくるといったところでしょうか。

しかし、村上氏の仕事はそれとは正反対です。

冒頭で紹介した村上氏の1日は、彼が長編小説を書くときの毎日のすごし方です。村上氏は、長編小説を書いているときは、毎日朝4時に起きて即、パソコンの前に座り、原稿を書きはじめ、4〜5時間、ひたすら執筆します。

この原稿の量は、かならず原稿用紙10枚程度と決めていて、短くても長くてもいけません。筆が進まなくても書き切り、逆にもっと書けそうでもピタッとやめるそうです。

その後、走るか泳ぐか、必ず1時間程度運動をします。昼すぎからは自由な時間として本を読んだり、音楽を聴いたり、レコードを買いに行ったり、料理をしたりします。そして夜9時頃には寝て、翌日の仕事に備えます。長編小説を書いている時期は、このような生活を、だいたい小説の第一稿が書きあがる半年間くらいの間、休みもとらず毎日判で押したように繰り返すそうです。

そのような執筆スタイルを貫いている理由を聞かれた際、このように答えています。

「書くためには、守るべき自分自身の規律を作り、しっかりと確立させる必要があるんです」

長編小説の執筆は長丁場です。1冊、2冊で力尽きる作家も多い中、村上氏は、1979年のデビュー以来ずっと活躍しつづけ、ベストセラーを次々と生み出し、今や新作の発表を世界中のファンが待ち望む作家になりました。長く仕事を続け、成果を上げるためには、行き当たりばったりの仕事の仕方では身体も精神も持たないということを、本人がよくわかっていたのです。

そして、実は、規則正しい執筆スタイルを持つ有名作家は村上春樹氏だけではありませんでした。

たとえば、ヴィクトル・ユーゴーの1日は、夜明けとともに起き、入れたてのコーヒーと生卵2つを飲み、部屋にこもって11時まで執筆したあと、冷たい水で体を洗います。12時に家族や来客と一緒にランチを食べ、昼食後は2時間の散歩か、浜辺で運動をし、床屋（毎日通う）へ行き、帰宅したらまた執筆をするか、手紙の返事を書きます。その後、家族や友人と夕食を食べ、カード遊びなどをする、というものでした。

チャールズ・ディケンズの1日は、7時起床、8時朝食、9時から14時まで執筆、その間に会話などはせず黙々と昼食を食べます。執筆は1日2000語を書くと決めていました。14時から17時まで散歩、18時に夕食、家族とすごし、0時に寝る、というものでした。

フランツ・カフカの1日は、8時から14時半頃まで保険局員として事務所に勤務し、勤務後は15時半まで昼食をとり、そのあと19時半まで寝ます。19時半から10分間運動し、1時間散歩をし、家族で夕食をとり、22時半頃から深夜1時か3時頃まで執筆、また軽く運動して寝る、というものでした。

スティーブン・キングの1日は、朝8時から11時半か13時半頃まで執筆、1日2000語を書くと決めています。そのあとは、昼寝をしたり、手紙を書いたり、読書をしたり、家族とすごしたり、テレビでレッドソックスの試合を見たりしてすごす、というものです。

いかがでしょうか。

共通することは、みな、**最高のパフォーマンスを発揮できるよう、集中すべきときに集中し、適度な息抜きをして翌日の仕事に備えるという、自分でベストと思える時間管理を確立しているということです。**

自分でコントロールできる時間を増やすには？

この方法は、何も自由業の人だけに当てはまるわけではありません。就業時間が決まっている会社員であっても同じです。現に、先ほど例に挙げたカフカは、専業作家ではなく、保険局員として勤務しながら残りの時間で執筆をしていました。

会社員の場合、確かに始業時間などは決まっていますが、1日の中でその時間に何をするかをつぶさに見てみると、自由に使い方を決めている時間が必ずあります。

まずは起床時間を何時にするかは、たとえ同じ会社に勤めている人であってもそれぞれ異なるでしょう。ぎりぎりまで寝ていて、あわてて起きて朝食もそこそこに電車に飛び乗る人もいれば、早く起きて瞑想をしたり、エクササイズをしたり、読書をしたり、体にいい朝食を食べたりと自分にとって意味のあることを習慣にしている人もいます。

デスクワークでは、1人でパソコンで作業をしている時間は、どのタスクを行なうか、自分で管理しているはずです。また、短時間の休憩は、自由にとることも多いでしょう。外回りの営業マンであれば、内勤の人よりも自分でコントロールできる時間は増えます。

同様の仕事を長くこなしているうちに、最も仕事がはかどり、質が上がる最適な時間の使い方が見えてきます。メールチェックなどのルーティンの仕事は、どの時間帯に行なうのが最も効率的なのか。頭を使い、集中すべき仕事はいつ行なうと質が高くなるのか。電話対応や来客、会議など、自分ではコントロールできない仕事が入りやすい時間も考慮しながら決めていきます。

一定時間ごとに強制的に休憩をとるということも、長時間仕事をする際には有効です。外部の人とアポイントメントをとる時間も、自分で決められるのであれば、ほかの仕事が最もうまくいく時間を、迷わず設定することができるようになります。

そして、仕事が終わったあと、寝るまでの時間をどのようにすごすのかも自分で決めることができます。家族との団らんの時間をいかに確保するか、勉強や読書の時間をいかに確保するか、いつ息抜きをするかなどです。

1日のスケジュールを決める前に見極めておかなければならないのが、自分が「朝型」なのか、「夜型」なのか、という点です。先ほどの作家たちは、「朝型」が多かったのですが、「夜のほうが集中力が高まる」という人もいるでしょう。

夜早く寝て朝早く起きて仕事や勉強などをする期間と、夜に仕事や勉強などをする期間をそれぞれ設けてみて、自分にはどちらが向いているかを慎重に見極めるのです。そして、それがわかったら、「朝型」の人は朝を中心に、「夜型」の人は夜を中心にスケジュールを組んでいくことになります。

スケジュールは、机上で単純に時間を割り振ってもうまくいきません。どのようなスケジュールにすれば、精神、肉体ともベストな状態で日々を送れるのか、何度も試行錯誤を繰り返しながら、最適解を導き出す必要があります。目の前の状況やそのときの感情に流されて、受動的な、怠惰な時間をすごすのではなく、明確な目的を持って、能動的に時間をコントロールするという意識を持つことが大切です。そうすれば、時間を自分のものとして、長期的に成果をもたらす武器にできるはずです。

「時間を自分の味方につけるには、ある程度自分の意志で時間をコントロールできるようにならなくてはならない」

――村上春樹『職業としての小説家』新潮文庫

Episode 05 なぜ計画は、いつも遅れるのか？

家族3人での夕食の時間。テレビでは来年開催される予定のオリンピックのニュースが流れていた。開催国では、オリンピックに向けて新しい国立競技場を作ることになったが、費用が当初の予算よりも1000億円も多くかかり、しかも納期も大幅に遅れる見込みで、オリンピックの開催に間に合うかどうかもわからなくなってきた、という内容のものだった。

男性は、妻と子どもに向かって

「まったく、この国は何を考えて計画を立てているんだろうね。国のお金をたくさんつぎ込んで競技場を作ったって、オリンピックに間に合わなかったら意味ないじゃないか。計画性がないんだ。あきれるね」

と言って苦笑した。妻と小学生の息子も、本当にその通りだと思ってうなずいた。

男性は、ITコンサルタント会社に勤めている。翌日は彼がリーダーとして率いるチームの新規プロジェクトのプレゼンの日だった。プレゼンまでに、チームのメンバーで1カ月かけて入念な準備をしていた。できる限りの情報を収集し、分析し、プロジェクトのスケジュールとコスト、得られる利益の予測を立て、資料は完璧と思えるものだった。案の定、プレゼンは大成功で、そのプロジェクトはさっそく実行に移されることになった。

1カ月後。

「なんだって？　稼働日に間に合わない？」

男性は天を仰いだ。完璧だと思ったスケジュールは、予想外のトラブルが立てつづけに起きたため後ろ倒しになり、コストも予想より大幅に超過してしまった。そして、とうとう稼働日に間に合わないという最悪の事態を招いてしまったのだ。

連日の残業で疲れ果て、やっと家に帰った夫は妻にグチをこぼした。

「こんなに大変なプロジェクトだとわかっていたらやらなかったのに。想定外のことばかりが起きてもうお手上げだよ」

翌日、妻は友人たちとランチの予定だった。久しぶりになつかしいメンバーがそろうし、チーズが絶品と評判のギリシア料理のレストランということで、とても楽しみにしていた。

「12時にレストラン集合だから、11時に家を出れば、余裕をもってレストランに着く。もしもっと早く着いたら、近くのデパートでウィンドウショッピングもできるかもしれない」

いつものように、夫と子どもの朝食を作り、掃除機をかけ、洗濯をした。洗濯物を干していると、ベランダの汚れが気になった。

「まだ時間に余裕があるし、気がついたときやってしまったほうが効率的だわ」

そう考え、ベランダの掃除をした。掃除に熱中して、思ったより時間がかかった。掃除を終えて時計を見ると、10時30分をすぎていた。

「大変！」

急いで化粧にとりかかり、着替えたが、鏡を見るとしっくりこない。これじゃない、あれじゃないと服を何度も脱いだり着たりを繰り返した。服に合うバッグと靴を決めるのにも時間がかかった。11時に家を出るはずが、時計を見るともう11時20分をすぎようとしている。結局、吟味した洋服をベッドの上に散乱させたまま、家を出た。レストランに着いたのは12時25分だった。友人たちはすでに乾杯を済ませ、談笑している。

「遅れてごめんなさい」

遠慮がちに空いていた隅の席に座ったが、内心「まただ」と自分を責め、せっかくの食事も楽しめないでいた。女性はこれまでも約束の時間に遅れることが多かったのだ。

「どうしていつも遅刻してしまうのだろう。寝坊をしたわけでもなく、まだまだ余裕があると思っていたのに、出かける前になると突然時間がなくなってしまうんだもの」

目覚まし時計が6時に鳴った。小学生の息子は、飛び起きた。今日は夏休みの初日だ。

夏休み前に、張り切って夏休みの1日のすごし方、宿題の進め方などの計画を立てていた。朝は6時に起きて、朝ごはんの前に宿題の問題集をやり、朝ごはんのあとは部活、部活がない日は勉強、お昼を食べたらまた2時間勉強をして、夕方は友だちと遊ぶか読書をするかの時間、ゲームは1日1時間だけと決め、夜10時には寝る。読書感想文や書道、自由研究などの宿題は、最初の2週間のうちに終わらせる。完璧な計画だ。少年は顔を洗うとさっそく問題集に取りかかった。

1週間後。

目覚まし時計が6時に鳴ったが、少年はまだ目を閉じたままおっくうそうに手だけを伸ばしてアラームを止め、そのまままた夢の世界に戻っていった。昨日の夜はついついゲームに熱中して、寝るのが遅くなってしまったのだ。

「部活に遅れるわよ！」

母親の声で目を覚まし、あわてて起きた。

部活から帰って来たが、勉強をやる気がしない。

「今日は早起きできなかったし、ダメな日だ。今日はサボる日にしちゃおう。明日からきちんと計画通りにやればいいや。ゲームの続きをやろうっと」

1カ月後。

結局、夏休みの間少年が予定通り早寝早起きができたのは、最初の数日間だけだった。夜は1時間以上ゲームをしたり、テレビを見たりしていたので寝るのが遅いため朝も起きられず、朝食前の勉強はできなくなった。読書感想文などの宿題も、取りかかるのが面倒で先延ばしにしていた。夏休み最後の3日間は、たまった宿題をなんとか体裁を取り繕って終わらせなくてはならなかった。

「計画的にやらないからそんなことになるのよ」

母親には小言を言われてしまった。

「どうして僕は計画通りにできないんだろう?」

少年はため息をついた。

なぜ、あなたの計画はいつも失敗するのか？

これらはすべて計画の失敗の例です。

国レベルの話だと、「何をやっているんだ」と半ばあきれて笑っていられた方も、家族の話になると、思い当たることがあり、笑っていられなくなったのではないでしょうか？

計画を立てることは時間管理において必須ですが、そこで壁となるのが「計画錯誤(Planning Fallacy)」と呼ばれるものです。

計画錯誤とは、プロジェクトにおいて、かかる時間やコストを過小評価し、楽観的に見積もってしまうことです。ノーベル経済学賞を受賞した心理学・行動経済学者、ダニエル・カーネマンらが理論化しました。

計画錯誤に関する実験では、心理学者のロジャー・ビューラーのものが有名です。ビューラーは、学生にレポート制作の課題を与え、いつまでに提出できるか、最短、最長の時間を尋ね、その答えを集計しました。

学生たちの出した期間は、平均34日。

しかし、実際にかかった日数を集計してみると、なんと平均で56日でした。

しかも、最短の時間で提出した人はほとんどおらず、最長の計画すら達成したのは半分以下だったのです。

また、計画錯誤という言葉を提唱したカーネマン自身も、イスラエルの教科書を作成するというプロジェクトに携わった際、計画錯誤を経験したと言っています。教科書の執筆が順調に進んで1年経った頃、カーネマンは執筆チームのメンバー全員に「教科書が完成するまでにあと何年かかるか？」と質問をしました。メンバーの予想は、2年を中心に、最短で1年半、最長で2年半でした。しかし、それまでの同じようなプロジェクトに着手したチームの結果を調べると、最短7年で、完成に至らなかったケースが40パーセントあったという事実も判明しました。

それが判明しても、それまで順調に進んでいた執筆状況や、かけた年月、2年程度で終わるだろうという予想から、プロジェクトをやめようという者はカーネマンを含めておらず、そのまま進めたところ、結局完成するまでに8年かかったのだそうです。

計画錯誤が起こってしまう原因として、計画を立てる段階では、その仕事の内容を詳しく知らないため、やらなくてはならないことを見落とすことが多いこと、またイレギュラーな出来事の発生を予測できないことがあります。

また、人は過去の失敗事例を忘れ、あるいは無視して、過度に楽観的に考えてしまうものである、ということも原因の1つです。過去の計画錯誤の経験が反省として残らず、仕事が順調に進んだケースだけが印象に残り、見通しが甘くなってしまうのです。

どうすれば計画を達成できるのか？

では、時間管理において、これを防ぐ方法はあるのでしょうか。

すべきことを見落としているのが原因であれば、より詳細な予測に基づき、あらゆることを想定して計画すればよいとも思えますが、おそらくこれは不可能に近いでしょう。

つまり、イレギュラーな出来事は、予測できないからイレギュラーな出来事なわけです。予測できるならば、計画の中に組み込むことができますが、それは不可能です。

そうであれば、むしろ「計画錯誤は避けられない」ということを大前提にして、管理を行なうことが効果的といえます。

時間管理の作業では、ムダなものを捨て、すべきことを限定し、時間軸にきっちり当てはめていくことが必要ですが、その作業を精緻にやればやるほど、計画錯誤のリスクが高まります。だからこそ、計画錯誤の存在を意識して、特に対策する必要があるのです。

私もこれまで何度も失敗してきました。

先ほどの物語のように、子ども時代は、常に夏休みの宿題は当初計画を立てるのですが、実際には、最後の数日でやっていました。

弁護士になってからも、「裁判期日の1週間前には主張書面を提出しよう」と計画していたのですが、いつも期限ギリギリまでかかってしまいました。

では、計画錯誤には、どのように付き合っていったらよいでしょうか。以下の点に注意して計画を立てることをおすすめします。

1　期限に余裕を持たせる

計画錯誤は避けられないことを前提にすると、期限の前に、仮想の期限を設定することです。

たとえば、4月30日が実際の期限だとすると、自分の仮想の期限を4月15日に設定し、4月15日までに完成させるように計画を組んでいくのです。

これは、私が本の執筆やセミナー講師を依頼されたときのレジュメ作成などの際に実際に使っている方法です。

仮想の期限を設定しておくと、想定外の事態が起きて仮想の期限がすぎてしまうような場合にも、なんとか期限までに対処することができます。

また、仮に期限に間に合った場合には、残りの期間を使って、成果物をさらにブラッシュアップして、よりよいものに仕上げていくことができます。

2 優先順位を設定し、できなかったものは捨て去る勇気を持つ

計画を立てるときには、人は理想の自分を思い描き、あれもこれもできる気がしてしまうものです。そしてそれを実行できないことがストレスとなり、やる気をなくすという負のスパイラルにおちいることもよくあります。これは、自分の能力を過大に

評価していることが原因です。

これを回避するには、「自分はそれほど多くのことはできない」ということを前提に、取り組むことに対して優先順位をつけることが重要です。そして、優先順位の高いほうから取り組んでいき、時間切れになったものは捨てる勇気を持つということです。

たとえば、プロジェクトのプレゼン資料を作るというのであれば、次のようにします。

①とにかく資料を完成させる
②聴き手の思考に沿ったストーリーにする
③重要な点を3つに絞り込む
④データをできる限り入れる
⑤図表を美しくする

このように優先順位をつけて作成していき、④や⑤が時間切れで間に合わないときは、あきらめるのです。

もしも、すべてを完全に作ろうとして、1枚目からスライドを作成していき、全体の4分の3を作り終えたところで時間切れとなってしまったら、プレゼン自体をすることができなくなります。

この「優先順位をつけて、時間切れとなった項目はあきらめる」という方法は、そのような最悪の事態を避けるために有効です。

3　空白の時間を設定する

誰でも、これまでの人生を思い起こせば、心当たりがあるでしょうが、物事を計画通りに進めているときに、「カゼをひいた」「緊急の仕事が入った」など、なんらかのイレギュラーな事態が生じて、計画が狂っていく……。

これは避けられません。

そこで、全体の期間を延ばすのではなく、「スケジュール上の各工程に空白の時間を入れ込んでいく」という方法も有効です。

工程ごとに作業が遅れているか、あるいは早まっているか、進捗具合が確認しやすい方法といえます。

不測の事態や、遅れが発生したとき、こなせなかった予定などを、この空白の時間でこなしていけるようにするのです。もし予定していたことがこなせなかったとしても、「予備の時間を取ってあるからそのときにやればいい」と考えることで、ストレスを回避することができます。

私も、日常の仕事で、可能な限り、予定をギチギチに入れないように努力しています。また、私は週末も仕事をするのですが、なるべく週末に予定を入れないようにし、平日からずれ込んだ仕事を週末で追いつくようにしています。

私たちは計画をコントロールしようとしますが、「計画錯誤」は避けられません。計画を完璧にコントロールすることはできないことを前提に、上手に計画錯誤と付き合っていくことが必要でしょう。

「達成しない計画は車輪のない車である」

——ローガウ『格言詩』

第2章

発想を切り替えるだけで時間は増える

Episode 06

意志というガソリン

数時間後に自動車レースを控えた2人の男がいた。2人はそれぞれレースに備えて給油所でガソリンを満タンにしたところだ。

「レースまでまだ時間があるな」

1人は、新調しようと思っていたレーシンググローブを買いに行くことにした。隣町のレーシング用品店まで自動車を走らせ、いろいろな要素を比較検討し、1時間ほど悩んだあとで、グローブを購入した。

それでもまだレースまで時間がある。そこで、精神をリラックスさせるために、さらに離れた街のレコードショップまで趣味のレコードを見に行くことにした。1時間ほどかけて、膨大なレコードの山から好みのレコードを探し、5枚購入した。

そうしているうちに、空腹を感じてきた。ハンバーガーを食べたいという強烈な欲求が沸き上がった。が、レース前に満腹になるとレースに集中できなくなる。「レースが終わるまでガマンだ」と自分に言い聞かせた。

サーキット場に向かっていると、いつも通る道が工事中のため通行止めで、迂回しなければならなかった。

「なんでこんなときに工事なんてしてるんだ！」

悪態をつきながら、急いでサーキット場に入ったとき、男は疲労と空腹でイライラしていた。

もう1人の男は、レースまでに時間があったので、泊まっていたサーキット場近くのホテルに戻ることにした。ホテルのレストランで、ボウルいっぱいのサラダと、チキンステーキという栄養たっぷりの食事をとった。食事後は、部屋に戻って昼寝をした。目が覚めると、軽くストレッチをし、そのあとは目を閉じてゆっくりと呼吸しながら、今日のレースのイメージトレーニングをした。会場に入ったときは、自分の体力と気力が満ちあふれているのを感じていた。

レースがスタートした。エンジン音がサーキット場に響きわたる。2人の男は、レースに勝つため、全力を尽くしていた。

しかし、1人目の男は、コーナーリングで多くの失敗をしてしまった。集中力を欠いていたのだ。そして、なんとも残念なことに、ゴールをすることができなかった。ガス欠を起こしてしまったのだ。

2人目の男は、完璧なコーナリングを見せた。ガソリンも満タンだ。集中力はゴールの瞬間まで途切れない。彼は見事優勝を勝ち取った。

意志というエネルギーは有限

この物語のガソリンは、人間の意志力、「ウィルパワー」と呼ばれるものの比喩です。ウィルパワーという言葉は、アメリカの心理学者、ロイ・バウマイスターが提唱しました（ロイ・バウマイスターほか、渡会圭子訳『WILLPOWER　意志力の科学』インターシフト）。彼は、ウィルパワーの源泉は1つだけで、1日に使えるウィルパワーの量には限りがあるという考え方をとっています。

彼が行なったこんな実験があります。

食事を抜いて空腹を感じている被験者を焼きたてのクッキー、チョコレート、ラディッシュ（二十日大根）が乗ったテーブルの前に座らせました。

2つのグループに分け、1つめのグループはおいしいクッキーとチョコレートを食べていいと言われ、2つめのグループはお菓子をガマンして、ラディッシュだけを食べていいと言われます。

その後、被験者たちは、別の部屋で、解けないように作られた図形パズルを解くように言われます。

さて、それぞれのグループは、図形パズルを「継続して、何分間解きつづけることができるか」という実験です。

〈第一グループ〉

お菓子を食べてよいと言われたグループは約20分パズルを続けられました。

〈第二グループ〉

単にお腹が空いていて、何も食べなかったグループも同じでした。

〈第三グループ〉

しかし、お菓子をガマンしてラディッシュのみを食べたグループは、8分しか続けられませんでした。

この実験から導き出される結果は、ある欲求をガマンをすると、「ほかのことでもウィルパワーが低下する」ということです。

そして、このウィルパワーは、ガマンだけでなく、考えたり、決断したりするたびに減っていくということです。

したがって、**決断を繰り返し行なっていると、ウィルパワーが減少し、集中力がなくなっていくのです。**

皆さんも、買い物に行っていろいろ迷って買ったあとに、どっと疲れが出て、そのあとは何も考えたくなくなったり、集中力がなくなったりしたという経験があると思いますが、それと同じです。

決断の数を減らすことでウィルパワーを温存する

時間を管理するということは、そのときに何をするかという自分の思考と行動を管理し、コントロールすることですが、そのために必要となるのがウィルパワーです。

「朝食に何を食べるか」「今日は何を着るか」というような日常のささいな決断のときでも、新しいビジネスを考えたり、自分の将来にかかわるような大きな決断をするときでも、使うウィルパワーの源は同じで、〝決断するたびにウィルパワーは減っていく〟ということです。

そうであれば、大きな成果を出すためには、最も大切なことにウィルパワーを集中して使うことが重要です。

そのための1つの方法は、「大切なこと以外は決断しない」ということです。

スティーブ・ジョブズ氏がいつも同じ服装をしていたことは有名です。ほかにも、オバマ元大統領やフェイスブックの創業者マーク・ザッカーバーグ氏も、常に同じ服装をしています。

その理由について、オバマ元大統領は、「私は常にグレーか青色のスーツを着用している。こうすることで私が下さなければならない決断の数が減るんだ。何を食べるか、何を着るか決める余裕はないし、ほかに決断しなくてはならないことが山のようにあるからね」と言っています（＊1）。

また、ザッカーバーグ氏は、「僕は社会への貢献に関係しない決断はできるだけ下さないようにしている。実はこれは多くの心理学的な理論に基づいていることで、たとえ〝何を食べるか〟〝何を着るか〟といった小さな決断でも、繰り返し行なっているとエネルギーを消費してしまうんだ。日々の生活の小さな物事にエネルギーを注いでしまうと、僕は自分の仕事をしていないように感じてしまう」と言っています（＊2）。

ほんの些細なことですが、着る服を習慣化することで、ウィルパワーを温存し、本当に意志が必要であること以外は決断しなくて済むようにしているのです。

おそらく、彼らはほかの日常的なことも同じように習慣化していると推測されます。

野球のイチロー選手も、現役時代、毎朝カレーを食べ、バッターボックスに入る前の動作も、ボールを打つ前の動作もすべて同じ手順で行なうなど、習慣化を徹底した人といえます。そうすることで、ウィルパワーを温存し、最も重要な試合のときに最高の集中力で望むことができ、結果を出せたのでしょう。

ちなみに、私も、朝起きてから仕事を始めるまでは、毎朝同じ行動を同じ順番でします。天気予報を見たり外の天気を見て傘を持って行くかどうか決断したくないので、常にカバンには折りたたみ傘が入っています。スーツやワイシャツは、毎回選ぶのではなく、一定数を順番に着回しています。「次は何をしようか」などと考えたくないからです。

これは、ウィルパワーという概念を知る前から行なっていたことです。私の脳が、無意識のうちに、日常の些細なことに関する決断を回避していたのだと思います。1日のうちで、自分が一番集中力を必要とする仕事をするときのために、ウィルパワーの浪費を避けていたのです。

ウィルパワーを回復させる方法

さて、冒頭の1人目の男は、グローブを選んだり、レコードを選んだり、ハンバーガーを食べるのをガマンしたり、通行止めに腹を立てたりして、ウィルパワーというガソリンを減らしてしまいました。そのために、一番大切なレースで使うべきガソリンが足りなくなってしまったのです。

私たちの日常も、この男と同じようなことになっていないでしょうか。些細なことにウィルパワーを使ってしまい、大事なところで集中できなかったり、イライラしたりしてはいないでしょうか。

対して、2番目の男は、レースまでよけいな行動はせず、食事をしたり、睡眠をとったりしてガソリンを温存していたため、レースで優勝することができました。

実際、ウィルパワーを回復させる一番の方法は睡眠といわれています。頭を使う大事な仕事や、重大な決断は午前中にしたほうがよいといわれるのも、午前中であればウィルパワーが十分に残っているからだといえます。逆に、睡眠不足であれば、ウィルパワーの充電が十分でなく、集中力を十分に発揮することができません。昼食後の集中力が低下する時間帯に、15分程度仮眠をとることも効果的です。

また、瞑想や適度な運動によっても、ウィルパワーは回復すると考えられています。

私たちの周りには、無数の選択肢があります。そのすべてを自分の意志で選びつづけることは不可能です。限られたリソースであるウィルパワーは、真に集中すべきところで使いたいものです。

＊1、＊2 https://curazy.com/archives/57692

「人は生活の一部を無意識に送れるようにしたほうがよい。よい習慣が身につけば、頭脳に余裕ができ、真に興味深い活動分野へ進むことができる」

――ウィリアム・ジェイムズ　心理学者

Episode 07

ポジティブシンキングでムダな時間をなくす

マイケルとジャクソンという名の2人の若者が、一緒に旅行に行くことになった。

2人は旅行を最大限に楽しむために、下調べをして、計画を立てていた。

旅行初日。

2人は、列車を乗り継いで海辺の街に向かう予定だった。車窓からの景色を楽しみながら、おいしいお弁当やお菓子を食べたり、コーヒー片手に2人でゆっくり語り合ったりすることを楽しみにしていた。

ところが、駅に着くと、乗る予定だった特急列車は、故障のためダイヤが乱れていて、予約していた座席は無効となっていることがわかった。そのため、2人は、混雑した駅のホームで1時間近く待たされたあげく、立って列車に乗ることになってしまった。

「ゆっくり飲んだり食べたりしながら行くはずだったのに……。まったく、鉄道会社のせいで宿に着く前から疲れてしまうよ」

待っている間もイライラしていたマイケルは、ため息をついてうなだれている。

「まあ、こういうこともあるさ。列車で食事できない分、お腹を空かせておいて、あっちに着いてから地元のおいしい物を食べようよ。着くまでに候補のお店を探そうよ。それに景色は立っていても見れるしね」

ジャクソンは笑って言った。

翌日。その日は、きれいな海で思う存分泳いだり、日光浴をするという計画を立てていた。しかし、朝からあいにくの雨だった。マイケルはがっかりして言った。

「ああ、雨だ。せっかくの予定が台無しだ。なんて運が悪いんだ」

ジャクソンはそれほど気にする様子もなく言った。

「天気は自分でコントロールできないし、仕方ないさ。雨でもできることを考えようよ。そうだ、この街には大きな美術館があったよ。そこに行ってみないかい？」

しかし、マイケルは首を振って言った。

「僕は海で泳ぎたかったんだよ。美術館なんて行きたくないんだ。君1人で行って来たらいいさ」

そこで、ジャクソンは1人で美術館に出かけた。ジャクソンは1枚1枚の絵をじっくりと鑑賞し、その絵が描かれた時代に思いを馳せたり、画家の才能に感嘆のため息をついたり、充実した時間をすごした。

宿に戻り、ジャクソンはマイケルに言った。

「素敵な美術館だったよ！　すばらしい絵をたくさん見れていい1日だった。きみは何をしていたの？」

「別に。ごろごろしたりテレビを見たりしていたよ。だってこの雨だもの」

つまらなそうにマイケルは言った。

翌日の夕食の時間。

2人は人気店としてインターネットで紹介されていたレストランに出かけた。

しかし、店は満席だった。きちんと予約をしたはずだったが、レストラン側のミスで予約の日付を間違えていたのだ。

「なんてことだ！　僕たちはきちんと予約をしたのに！　どう責任をとってくれるんだ！　ほかの客に詰めてもらって、なんとかならないのか！」

マイケルは怒って店員に詰め寄った。

「本当に申しわけございません」

店員はひたすら頭を下げている。

「まあまあ落ち着いて。ほかのお客さんが入っているんだから、怒っても席は空かないよ。それに誰にだってミスはあるさ」

ジャクソンはほほ笑みを浮かべながらマイケルをたしなめた。そして、店員に向かって穏やかに言った。

「このあたりでどこかほかに、とっておきのレストランがあれば教えていただけませんか？」

店員はほっとしたように顔を上げて言った。

「近くにご夫婦で経営されている小さなレストランがあるんです。ガイドブックに載ってない地元の人たちの隠れ家的な名店です。そこのクラムチャウダーはとてもおすすめです」

そして、店員はそのレストランに電話をかけ、席の確認と予約をしてくれた。

「ありがとう」

ジャクソンは笑顔で店員にお礼を言った。

実際、教えてもらったお店のクラムチャウダーは絶品で、2人は驚いた。

翌日、2人は帰途についた。

帰りの列車の中で、マイケルは、

「今回の旅行は、せっかくの計画が台無しだったよ。列車は故障するし。ダイヤが乱れたなら、早くリカバリーして、皆が満足するようにすべきなんだよ！それに雨のせいで海にも行けなかったし。あのレストランも、予約日を間違えるなんて信じられないよな！　まったく、人気店だからって気がゆるんでるんじゃないか」

と、ずっとブツブツ文句を言っていた。

ジャクソンは車窓から見える風景を楽しみながら、「本当に楽しい旅行だったなあ」と考えて1人ほほ笑んでいた。

2つのポジティブシンキング

マイケルとジャクソンの違い。それは、ネガティブシンキングとポジティブシンキングの違いであることはわかると思います。

しかし、一般的にいわれているネガティブシンキングとポジティブシンキングとは、少し捉え方が違います。

私は、ポジティブシンキングという言葉の解釈には、

・現状肯定思考
・上昇思考

の2つの捉え方があると思います。

たとえば、冷蔵庫の牛乳が半分残っているときに、「あっ、もう半分しかない」と考えるのをネガティブシンキング、「まだ半分も残っている」と考えるのをポジティブシンキングとすると、このときのポジティブシンキングの意味するところは、現状

肯定思考だということです。「まだ半分も残っている。よかった！」とプラスの感情になるよう現状を肯定しようというものです。ポジティブシンキングの捉え方としては、この現状肯定思考のほうが一般的かもしれません。

しかし、私がポジティブシンキングというときは、主に上昇思考を指します。上昇思考は、物事を、常に自分の目標や目的、上昇と結びつけて捉えようとする思考です。

たとえば、日曜日に朝6時に起きて勉強しようと思っていたのに、起きてみたら9時だったとします。

その場合、「なんてことだ。もう9時だ！　3時間も寝坊してしまった！　今日はもうやる気がでない」と考えるのではなく、

「いやー、よく眠った。疲れもとれてスッキリだ。これなら超集中して短時間で勉強できるぞ！」と考えるのです。

あるいは、9月の連休に海外旅行に行こうと計画していたが、台風が来て行けなくなったというときに、

「台風が来るなんて、なんてついてないんだ！　残念すぎる。もうふて寝するしかな

いな」

と考えるのではなく、

「海外には行けないか。おっ、ということは、かなりまとまった時間が空いた。どうやって有意義にすごそうか」

と前向きに考えるのが上昇思考です。

時間を最大限有効に使うためのポジティブシンキング

なぜ私がポジティブシンキングを上昇思考の意味で捉えるのかというと、ポジティブシンキングを現状肯定思考だけの意味で捉えてしまうのは危険だと思うからです。

たとえば、自分の営業成績が悪かった場合に、現状肯定思考を使うと、「ああ、まだ大丈夫だ。まだ自分の下に2人いる」などと考えてしまいがちです。現状を肯定してプラスの感情にすることで、確かに気分は楽になるかもしれませんが、現状を改善するための努力や工夫をしなくなってしまいます。前向きではなく、自分を向上させることもできません。

精神的に辛くて仕方なかったり、精神的に弱かったりする場合であれば、精神的に楽になるために現状肯定思考を「意識的に使う」ということになるかもしれません。しかし、自分の現状を不十分と考え、「もっと向上したい」というときに、現状肯定思考を使うと、使い方次第で努力を放棄する方向に向かってしまう可能性があるということは、覚えておかなければなりません。

先ほどの物語でジャクソンは、起こった出来事を単にポジティブに捉えるのではなく、「その中で、自分が最も楽しむには、どういう方法があるだろうか？」と、上昇志向的に捉えています。その結果、その環境下におけるベストの状態にたどり着こうとし、楽しむことに成功しています。

しかし、この思考はなかなか簡単ではありません。

人間は得てして感情的な生き物です。マイケルのように、自分の思い通りにいかないとき、不利益をこうむったと思われるときなど、さまざまな出来事に対して、怒り、嘆き、悲しみ、絶望をおぼえるといったネガティブな反応をしてしまうことは、ある意味仕方のないことだと思います。

しかし、そのようなネガティブな気持ちで日々をすごすことは、貴重な人生の時間という観点から見ると、本当にもったいないことです。

たとえば、とても尊敬できる上司の下で働いて、充実した仕事ができていたのに、ある日横柄で怠惰な上司に代わってしまい、仕事がやりにくくなってしまったとします。

そのようなときに、「なんだこの上司は。話にならないぞ。もうやる気をなくした。サボって上司に恥をかかせてやれ」などと考えてすごしたとしたら、自分の貴重な時間をムダにしていることになります。

さらに、このようなネガティブな思考は、自分の仕事や人間性のレベルをどんどん低下させてしまうでしょう。

それに対して、上昇志向のポジティブシンキングは、このようなときでも、「この上司とよい関係を築くには、自分がどう業務を行なえばいいだろうか？　このやりにくい中で、自分の力を最大限発揮するには、どうしたらよいだろうか?」、あるいは、「これは、以前から考えていた転職を実行に移す最大のチャンスかもしれない。前の上司のときには、恩に報いるために転職しないようにしていたが、今がチャンスだ!」というように考えます。

そのようにして、自分の時間を最大限有効に使っていくのです。

ポジティブ筋は自分で鍛えられる

上昇思考のポジティブシンキングは、素質ではなく、後天的に身につけることができるものです。

ウィリアム・シェイクスピアの四大悲劇の1つ、『ハムレット』の中に、次のようなセリフがあります。

「世の中には幸も不幸もない。ただ、考え方1つだ」

起こった出来事には、そもそも「幸せである」とか「不幸である」という性質はなく、「考え方によって幸とも不幸ともなる」ということです。言い換えれば、起こった出来事に対し、自分がどのように反応するか、どのような意味づけをするかは、自分で決めることができるということです。この「自分で決めることができる」という意識を持つことが、ポジティブシンキングの出発点です。

何か自分の思い通りにいかないことが起こったとき、あるいは「イヤだな」と思うことが起こったときに、そのイヤだというネガティブな感情に流される前に、

「いや、待てよ。どのように捉えるかは自分で決めることができるのだ。ではどのように考えたら、ポジティブに、幸せに考えることができるだろうか？　この状況下で、自分が成長するためにはどのような方法があるだろうか？　自分はどのように行動すればいいだろうか？」

という思考を発生させるのです。

これを何回も何回も繰り返す。そうして訓練していくうちに、筋トレと同じように、

だんだんと物事をポジティブに捉える力がついてきて、それほど意識しなくてもできるようになっていきます。

これは、「本当はイヤだけど、無理してイヤではないふりをする」とか、「辛いけれどガマンする」とか、「負け惜しみを言う」とか、そのようなレベルの話ではありません。本当に心からポジティブな面を捉えて、評価し、自分を成長させ、幸せのほうに導いていく力のことをいうのです。訓練の末、この力が完全に自分のものとなったとき、「人生には本当にネガティブな出来事などないのだ」ということを実感できるでしょう。

「2人の囚人が鉄格子から外を眺めた。1人は泥を見た。1人は星を見た。」

——フレデリック・ラングブリッジ

Episode 08

あきらめる勇気

青年は、毎日一生懸命だった。

就職した会社にも慣れてきて、大きな仕事をまかされるようにもなってきたし、結婚もして、自分が家族を養うのだという自覚も出てきた彼は、仕事においてもプライベートにおいても、完璧にこなせる人間になりたいと思っていた。

会社では、キャリアアップのために、頼まれた仕事は断らずに引き受けるようにした。人脈を広げるために、飲み会やセミナーにも積極的に参加した。将来の独立も視野に入れて、帰宅後は、経営学や起業に関する本を読んで勉強する時間にあてた。時事にも敏感でいなければならないと思い、新聞も3紙を購読した。これからの時代は英語ができないと通用しないと思い、さらに中国語ができればより貴重な人材になれると思ったので、週末は英語と中国語の勉強もした。妻や両親との絆も大切だと思うので、日曜日は仕事を入れずに妻や両親をすごすことを義務とした。

毎日やることがたくさんあり、時間に追われていた。日曜日に仕事を持ち越さないよう、平日は連日残業をし、土曜日に出勤することもあった。飲み会や残業で帰宅が遅くなった日でも、勉強をさぼることは甘えだと感じ、夜中に眠い目をこすりながらも勉強をした。自分でやらなければと決めたことをこなすためには、睡眠時間を削るしかなかった。

こんな生活を続けているうちに、青年から以前のような快活さややる気が失われていった。外見はやつれ、いつも疲れているように見えた。仕事や勉強に対する集中力も低下し、効率が落ちていた。そんな自分が情けなくて、イライラすることが多くなった。

ある日曜日、青年は妻とレストランに食事に出かけた。あまり食欲もなく料理をつついているだけの彼に、妻が言った。

「最近疲れているように見えるんだけど大丈夫？　無理しないで、少し仕事の量を減らしたほうがいいんじゃない?」

「仕事のことに口出しするなよ!」

彼はついカッとなって強い口調で言った。自分がこんなに努力しているのに、「能力がないから無理だ」と自分の努力を否定されたような気がしたのだ。今日だって、妻のために忙しい中時間をとって食事に来ているのに、「本当に自分に感謝しているのか」と。

「ごめんなさい」

寂し気に謝った妻の顔を見て、彼はわれに返った。そして自分がただの八つ当たりをしていたことに気づいた。

こんな自分は、自分が理想とする人間からはほど遠いと思った。

理想とする人間。そう考えたとき、上司の顔が浮かんだ。青年の上司は、いつも朗らかで人から好かれ、仕事もできる、社内でもずば抜けて評判のいい人物だった。しかも、仕事で成果をあげながらも、ほとんど残業をせず定時で帰り、家族とすごす時間を大切にしていた。自分が理想とする人間は、この上司のような人物だと思った。

翌日、青年は、思い切って上司に自分の現状を相談することにした。自分がいくらがんばってもうまくいかないこと、やるべきことが多すぎて時間が足りないこと、時間管理の秘訣があれば教えてほしいことなどを話した。

上司は、真剣な表情で青年の話に耳を傾けてはくれたが、その場で何かアドバイスをくれることはなかった。

数時間後、上司は、青年を呼び、

「この資料を今日中に仕上げてくれ。あと、3日後の取引先へのプレゼン資料も今日中に頼む。それから、これと、これも今日中だ」

と命じた。

青年は驚いてすぐに返事ができなかった。これまでだったら、頼まれた仕事は無理をしてでも引き受けていただろう。しかし、上司には、自分にどれだけ時間が足りないかということを相談したばかりなのだ。それがわかっていて、どうしてこんな無茶なことを言うのだろう？　そう考えると腹が立ってきて、気づいたら声を荒げて言い返していた。

「こんなにたくさん無理に決まってるじゃないですか！　いったいどうやって時間を作れっていうんですか！」

青年の言葉を聞いた上司は、微笑を浮かべて静かに言った。

「今の業務命令が、君が普段自分に課している命令だよ。私たちに与えられた時間というものは、有限かつ平等なものだ。〝やらなければならない〟と思う作業がたくさんあったとしても、そのすべてをできるわけじゃない。自分が使える時間内にできる作業量を冷静に分析し、その作業に集中することだ。それ以外のことに手を出してはいけない。私が定時に帰ることができるのは、自分にできることとできないことを分類し、できないことは他人に頼むか、あきらめているからだ。君ももう一度、〝本当に自分にとって意味があることは何か、重要なことは何か〟ということを考えてみるといい」

青年はハッとした。自分の時間管理に関する認識が、根本から間違っているのかもしれないと思ったのだ。

青年は、改めて自分の生活を見直してみることにした。

そうすると、今まで頼まれてこなしていた仕事の多くは、誰でもできるけれども時間がかかるという内容のものだということに気づいた。そして、このような仕事を多くこなしても、便利な人物とは思われるけれども、能力のある人物とは思ってもらえないということにも気づいた。つまり、頼まれた仕事をいくらこなしても、キャリアアップしたいという自分の目的には沿わないということになる。

飲み会やセミナーについても、そのあとで仕事につながる関係はほとんどなく、その場限りか、SNS上だけの浅い付き合いが多いということにも気づいた。

このことも、人脈を広げたいという自分の目的に沿っていなかった。勉強についても、世間一般に、学んだほうがよいだろうと考えられる分野にやみくもに手を出していただけで、その学んだことをどう活かしていくのかというところまで真剣に考えることをしていなかったことに気づいた。

本もただ読んだというだけで、そこから独自の意見やアイデアを考えるということをしていなかった。

英語や中国語も、実際にビジネスで使う予定は今のところなかった。新聞も、3紙を読むというノルマをこなすのに必死で、時事に関する知識が深まったという気はあまりしなかった。

つまり、「何かを学ぶということは、自分の時間と労力という資源を使うことであり、その貴重な資源を使うに値する見返りがあるのか」という点にまで考えが及んでいなかったのだ。

妻や両親とすごす時間については、もはや義務のように感じていた。その時間を作り出すために自分が普段どれほど大変な思いをしているのか家族はわかっていないのではないかという自分勝手な思いから、一緒の時間を心から楽しめなくなってしまっていたことに気づいた。家族とすごすのは義務ではなく、家族との絆は、自分の人生にとって最も大切な、優先すべき事項であると改めて思った。

こうした反省を経て、青年は生活を変えた。

自分が行なう仕事の内容を精査し、作業量から考えてこなすのが難しいと思うものは断ったり、同僚に頼んだりするようにした。そもそもその仕事は必要か、必要であればもっと効率的にできる方法はないかについて常に考えるようにし、結果を重視した。そして、なるべく残業をしないで帰るように心がけた。

勉強したい事柄についても、あれもこれもと詰め込むのではなく、今の自分にとって本当に必要なものは何か、時間と労力をかけることで十分な成果が得られるかどうかを考え、勉強する対象を減らした。やみくもにインプットすることをやめ、自分が重要だと思う事柄に専念し、自分の頭でしっかり考える時間もとるように計画を立てた。

そして、体調維持のため、十分な睡眠時間と、運動をする時間を確保するようにした。

人脈を広めるための飲み会やセミナーは、本当に自分が参加したいと思うもの以外は、参加しないことにした。そして、広く浅い付き合いではなく、自分がこの人との関係は大切にしたいと思える人とのみ、深く付き合うようにした。

そして、なるべく定時で家に帰り、妻と一緒に食事をしながら何気ない会話をする時間を大切にした。週末は、妻と食事や映画に行ったり、両親を旅行に招待したりし、家族とすごす時間を作り、その時間を自分も心から楽しんだ。

こうして、青年は、快活さを取り戻した。仕事に対する集中力も増し、効率的に仕事をこなせるようになったため、仕事に費やす時間は減ったものの、成果は上がった。仕事もでき、教養もある人物だと社内でも一目置かれる存在になり、昇給もした。お互い尊敬し合える人たちとの人脈も増え、新しいビジネスの話などもするようになった。独立して起業することはもはや単なる夢ではない。そして、家族との絆は確固としたものになり、家族とすごす時間は、青年にとって最も幸せに満ちた時間となった。

その仕事、「本当にしなければならない」のですか?

私たちは、得てして「あれもしなくちゃ。これもしなくちゃ」「あれもしたい。これもしたい」と考えながらも、「でも、時間がない」と時間が足りないことを嘆きます。「しなければならないこと」を盲目的に受け入れ、それをすべて実現するための時間管理をしようとしているのです。

しかし、「しなければならないこと」と思い込んでいることの中には、よく検討してみれば、「自分でなければできないこと」「他人でもできること」「本当にしなければならないこと」「しなくてもたいした問題にはならないこと」など、多くの種類に仕分けできる内容が含まれているものです。

「もっと時間が欲しい!」と、いくら嘆いても時間は増えませんし、小手先の時間管理の技術で作り出せる時間は、たかが知れています。その前にすべきことは、自分の能力を冷静に分析して、できることとできないことを分類し、できないことをあきらめる勇気を持つことです。

「そんなことを言っても、上司に命じられたら、仕方ないじゃないか」

そう反論されるかもしれません。本当にそうでしょうか。上司は時間内にできると思い込んでいても、その前提に誤りがあるかもしれません。反対に、やり方次第でできるのに、自分がわかっていないだけかもしれません。それは会話をすることで認識の齟齬《そご》を解消すべきでしょう。

また、上司に命じられたことに対して「できません」と言ったら、どうなるのでしょうか。「評価を下げられる」ということでしょうか。「解雇される」ということでしょうか。それは、本当にあなたにとって悪い結果でしょうか。

「ある1つのことを優先したら、その反対側で何か別のことをあきらめなければならない」ということを常に忘れないようにしなければなりません。

時間の有限性を認識し、あきらめる勇気を持つことで、本当に自分が手に入れたいものが明らかになるのです。そしてそれを手に入れるために努力することが、有意義な人生を送るための秘訣なのだと思います。

◎自分の仕事を仕分けしてみましょう。

自分でなくてもできること	自分にしかできないこと	
② ・ ・ ・ ・ ・ ・ ・ ・ ・ ・	① ・ ・ ・ ・ ・ ・ ・ ・ ・ ・	しなければいけないこと
④ ・ ・ ・ ・ ・ ・ ・ ・ ・ ・	③ ・ ・ ・ ・ ・ ・ ・ ・ ・ ・	必ずしもしなくてもいいこと

とにかく①に集中しましょう！

「もともとやらなくてもよいものを効率よく行なうことほどムダなことはない。」

——ピーター・ドラッカー

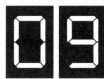

Episode 09 あと回しのワナ

ある製薬会社の課長は、毎日やらなければならないことが多く、時間が足りないことを嘆いていた。

毎朝、会社に出勤すると、何通もの郵便物が届いている。それを1つずつ開いて確認する。

1通目。展示会の開催案内。よく読むと、自分の業務にも関係しそうである。

「よし。あとでスケジュールを確認して参加できるかどうか検討しよう」

2通目。管理職研修の案内。読んでみると、リーダーシップ研修であり、著名な講師なので、面白そうだ。

「よし。あとでよく検討して参加するかどうか決めよう」

3通目。課で毎月購入しているビジネス雑誌。目次を見ると、いくつか興味をひく記事があった。

「よし。あとで空いた時間に読もう」

次に、課長がデスクを見ると、部下からのメモがいくつか置いてあった。それらにざっと目を通し、内容を確認した。

「部下に指示が必要なものはあとでまとめて指示しよう」

次にパソコンを立ち上げ、メールソフトを開いた。未読のメールをすべて開いて確認し、迷惑メールを削除した。返信はあとでまとめてすることにした。

その後、コーヒーを飲みながら新聞に目を通し、いよいよ業務開始だ。

まず、メールの返信から行なうことにした。取引先からのメールは、返信するために確認しなければいけない資料があるため、少し時間がかかりそうだ。

「これは、時間がかかりそうだからあと回しにしよう」

次の部下からのメールは、簡単な内容で緊急のものではない。

「これは簡単だから、重要なものを片づけたあとに回答しよう」

そんなことを繰り返すうちに、午前中が終わった。仕事は何1つ終わっていない。

「ああ、やることがたくさんあって、時間がいくらあっても足りない!」

嘆いている課長の机には、仕事の効率を上げるためのパソコン活用のテクニックやノート術などの、ノウハウ本が積み上がっていた。


同じ日、別の場所で。

ある保険会社の経営管理部長は、今日もやる気に満ちあふれていた。

毎朝、会社に出勤すると、何通もの郵便物が届いている。

いつものように秘書に開封と仕分けを頼み、必要な郵便物のみに目を通す。

1通目。展示会の開催案内。よく読むと、自分の業務にも関係しそうだ。すぐに手帳を開いてスケジュールを確認し、空いていたので予定に加える。

2通目。管理職研修の案内。読んでみると、リーダーシップ研修であり、著名な講師なので、面白そうだ。またスケジュールを確認し、参加可能だったので、インターネットで参加の申し込みをした。申し込みの手続きに要した時間は2分程度だ。

3通目。会社で毎月購入しているビジネス雑誌。目次を見ると、いくつか興味をひく記事があった。すぐにそれらの記事に目を通し、特にこれは面白いと思った記事については要点と感想を手帳に書きつけ、記事を携帯で撮影してクラウドサービスに保存した。こうしておけば、後日またその記事を参照したくなったときに、キーワードで検索をかければ読むことができる。

次に、部長がデスクを見ると、部下からのメモがいくつか置いてあった。内容を確認し、指示が必要なものについてはすぐその部下に連絡をして指示を出し、すべてのメモを処理した。要した時間は10分程度だ。

次にパソコンを立ち上げ、メールソフトを開いた。

取引先からのメールは、返信するために確認しなければいけない資料があったので、すぐにその資料を確認し、返信をした。要した時間は10分程度だ。

次に、部下からのメールを見る。簡単な内容だったので、もちろんすぐに返信をする。このような調子で、未読のメールをすべて処理し終えた。

部長が出社してから、1時間しかたっていない。

「よし、昼休みまであと3時間ある。社長に対するプレゼン資料を完成させよう！」

部長は精神を集中させて資料作成に取り組んだ。

どうすれば「あと回しのワナ」から抜け出せるのか？

1人目の課長は、「あと回しのワナ」にはまっています。

仕事の内容を確認するだけで手をつけず、あと回しにする習慣がついてしまっているのです。

そうすると、何が起こるかというと、内容を確認するための「読む時間」「考える時間」が、あと回しにするたびに重ねてかかってしまうということが起こります。つまり、物事を処理するための時間が余計にかかってしまっているのです。

たとえば、メールに返信するには、

- 読む
- 理解する

・返信内容を考える
・書いて送る

という作業が必要ですが、一度読んであと回しにすると、あとでもう一度読んで理解しなければならず、時間のムダが生じてしまいます。

また、あと回しにすると、頭の中に「その作業をしていない、しなければならない」という思考がずっと残っていることとなります。

たとえば、部屋の電球が切れてしまったとき、電球を取り換えようと思ってもついそのまま放置してしまえば、電球を買わなければならないということをずっと覚えていなくてはなりませんし、切れた電球を見るたびに「ああ、電球を取り換えなければ」という思考が発生します。そう考えることで、ウィルパワー（73ページ）は消耗し、気力がそがれていくのです。

この課長のように、あと回しにすることで、「やることがたくさんある」という思考が頭の中にずっと残り、実際は何も成果が出せていないにもかかわらず、ウィルパワーが消耗し疲労感だけ感じるようになってしまうのです。

このような**時間のムダと気力の消耗をなくすには、「できる限り、手をつけた段階で最後まで終わらせる」という意識が必要です。**

2人目の部長は、手をつけた段階で最後まで終わらせるということが習慣づいています。そのため、効率的に仕事を処理していくことができ、気力を十分蓄えたまま自分が最も重要と思える仕事に取りかかることができたのです。

億万長者やオリンピック選手、起業家など288人への取材をもとに、成功者に共通する時間管理の秘訣について書かれている書籍『1440分の使い方』(ケビン・クルーズ、木村千里訳、パンローリング)では、それを「一度しか触らないルール」として以下のように紹介しています。

「大成功した人々はほぼ何に対してもその場ですぐ対処する。それが効率的だと知っていて、可能な限り最短の時間と最小の気力で物事を処理したいと思っているのだ。要するに、『一度しか触らない』という考え方を実践しているのである」

さらに、郵便物の処理、メールの処理、部屋の片づけなどにもこの一度しか触らないルールを適用することで、効率的に処理していくことができると述べています。

しかし、すべての作業に当てはまるわけではなく、ある程度の時間が必要な作業というものもあります。そこで、この本では「5分以内で終わる作業はすぐにやる」という目安を挙げ、それ以外の作業は、スケジュール帳にその作業をやる時間を確保するという方法を紹介しています。

たとえば、家に帰り郵便受けから郵便物を取り出して、テーブルの上にポンと置く。無意識にそうしている方も多いと思いますが、これは一度しか触らないルールに反します。郵便物を取り出したら、テーブルに置く前に目を通し、不要なものは捨て、請求書など処理が必要なものは、あらかじめ予定している日時にまとめて処理するための未処理ボックスに入れるのです。

日常生活は、あと回しのワナにあふれています。行動を選択するその瞬間瞬間に、自分があと回しのワナにはまっていないかを意識することが大切です。

・すぐ着手すること
・着手したら、終わるまでやめないこと

を意識することです。あと回しにせず、すぐに着手する勇気を持つことです。

そして、手をつけた段階で最後まで終わらせるということが習慣づくようになれば、時間が足りないと嘆くこともなくなるでしょう。

とはいえ、「すぐやる」が適切でない場合もある

しかし、「どんな場合でもすぐやる」という原則を貫くことはおすすめしません。

メールの例で説明します。

メールには、すぐ返信できるものもあれば、返信するのに熟考する必要があるものもあります。

私は弁護士業務をしていますが、相談のメールなどが来て、簡単なものは、すぐに返信しますが、必ずしも調査が必要でなくても、あえて何度か読んで時間をかけるものもあります。

そんなときは、

①読む
②理解する
③ほかの仕事をして、その合間に思い出して、より理解を深める
④十分に理解できたと思ったら、返事の内容を考える
⑤返事を書く
⑥そのまま置いておき、ほかの仕事をして、その合間に返事が適切かどうか考える
⑦修正する
⑧返信する

というようなプロセスを踏む場合があります。

初めに読んだときと、時間をかけて読んだあとでは、理解の内容が異なる場合があります。

だとすると、読んですぐに返信していたら、誤った前提での回答になってしまう可能性があります。

また、返事についてもあとで修正することが多々あります。

これも「不適切な回答をしてしまう可能性があった」ということです。
したがって、効率化のために「すぐやる」ことは推奨されるのですが、それも内容や状況によるので、臨機応変に対応することが大切だ、ということになります。

「成功者と失敗者を分けるのは、たった一言だ。成功者はこの言葉を使わない『時間がなかったんだ』」

――フランクリン・フィールド／イギリスの政治家

Episode 10 自分がコントロールできることに集中する

あるところにすぐ困ってしまうラッコがいた。

その日は、予備のためにとっておいた大切な食糧の貝を、間違って割ってしまい、困っていた。

「食べ物がなくてあとでこまると思うなあ」

そんな様子を見た友人のアライグマはイライラしながらこう言った。

「あとでこまることをなんで今こまるわけ？　あとでこまるんだったらあとでこまればいいじゃねえか。なんで今こまるんだよ」

そう言われて、ラッコはまた困ってしまった。

「自分ではコントロールできないこと」に惑わされていませんか?

このエピソードは、いがらしみきお氏の4コマ漫画『ぼのぼの』(1巻、竹書房)のワンシーンです。アライグマの言うことももっともです。あとで困るかもしれないことを今考えて困るのは、二重に困ってしまうことになり、時間のムダです。

しかし、このラッコを笑ってばかりはいられません。

実は、明治維新の立役者である坂本龍馬にもこんなことがあったようです。

龍馬は若いときに、「天から大きな石が降って来るかもしれない」と思って、毎日悩んでいたそうです。

ところがある日、「落ちて来るかどうかもわからない石に怯えてすごすのは時間がもったない」と気づき、悩むのをやめたそうです。

そして、猛烈に働きはじめます。

このエピソードの真偽はわかりませんが、これも時間のムダです。
フランスの哲学者モンテーニュも、次のような言葉を残しています。

「私の生涯は、恐ろしい災難に満ち満ちたものに思われたが、その大部分は、実際には起こらなかった」

これらは、いずれも自分ではコントロールできないことについて、自分の時間を使って悩んでいる点が共通しています。このような時間は、時間を浪費していることになります。

この点について、示唆に富む小説があります。

ハードボイルド小説の巨匠ロバート・B・パーカーの作品で、私立探偵のスペンサーを主人公としたシリーズの中の『初秋』（菊池光訳、早川書房）という小説です。離婚した両親の間で、養育費の駆け引きの材料のようにのみ扱われ、愛情を受けずに育ってきた少年の面倒を見ることになったスペンサーは、心を閉ざし、何に対しても興味を持てずぼーっとテレビを見て日々をすごすだけの少年に、自分の力で生きていくことを教えようとします。自分に自信が持てず、弱音ばかり吐く少年に、スペンサーは言います。

「いいか、自分がコントロールできない事柄についてよくよ考えたって、なんの益にもならないんだ」

「何か重要なことについて、例えば、お父さんがまた自分を誘拐しようとするかもしれない、といったことについて考えるときは、彼が試みるかどうかについてあれこれ考えるよりは、彼が試みた場合にどうするのが一番いいか、ということを考えるほうがいいんだ。彼がやるかどうか、きみには判断できない、彼の考え次第だ。きみは、彼が試みた場合にやるべきことを決める。それはきみの考え次第だ。わかるか？」

「自分がコントロールできる事柄がある場合は、それに基づいて必要な判断を下すのが、賢明な生き方だ」

ポイントは、次の3つです。

・自分がコントロールできないことは考えない
・ある事態が生じたときに、どうするのが一番いいのか、自分の行動を考える
・自分がコントロールできることに基づいて必要な判断を下す

つまり、「自分がコントロールできることのみに集中する」ということです。

それが、自分の時間を有効に使う方法です。他人が決めることについて思い悩んでも、自分でコントロールできないのですから、時間のムダである、ということになります。

これと同じ意味のことを、大リーグで活躍した松井秀喜選手も言っています。

ヤンキース入団直後、成績不振でマスメディアから連日厳しいコメントを書かれていた頃、それらの記事が気にならないかと聞かれた彼は、

「気になりません。記者が書くことは僕にはコントロールできません。コントロールできないことには関心を持ちません」

と答えたそうです。

同じく大リーグで活躍したイチロー選手も、首位打者争いをしていたライバル選手のことについて尋ねられたとき

「愚問ですね。ほかの打者の成績は僕には制御できない。意識することはありません」

と答えたそうです。

松井選手もイチロー選手も、自分がコントロールできないことについて悩むことはしません。

「いい成績を残すにはどうしたらいいか」「試合のときに最高のパフォーマンスを発揮できるようにするためにはどうしたらいいか」という、自分がコントロールできることについて、思考や行動を集中させたことで、結果を出すことができたのだといえるでしょう。

ポイントは、「自分がコントロールできることかどうか」ということです。

あなたの悩みはどうでしょうか？

・上司や配偶者の性格が悪くて悩んでいる人はいませんか？
→上司や配偶者の性格は、あなたがコントロールできることではありません。あなたがコントロールできるのは、あなたの上司や配偶者に対する態度です。
・自分の生い立ちに悩んでいる人は？
→過去の事実は、あなたがコントロールすることはできません。あなたがコントロールできるのは、「過去の事実を今、どう活かしていくか」ということです。
・同僚や友人が自分のことをどう評価しているかが気になって仕方がない人は？
→他人が考えることは、あなたがコントロールすることはできません。あなたがコントロールできるのは、あなたの同僚や友人を含む他人に対する態度です。
・仕事をクビにならないか悩んでいる人は？
→あなたをクビにするかどうかを決めるのは会社であって、あなたではありません。あなたがコントロールできるのは、あなたが仕事にどう向き合うかです。
・老後に年金がもらえるかどうか悩んでいる人は？

→これもあなたにはコントロールできません。あなたがコントロールできるのは、あなたが自分の資産をどう運用するか、どの国で生活するかなどです。

思い当たることがあるのではないでしょうか？

「悩む」と「考える」はまったくの別物

悩むことと、解決法を考えることは違います。

悩むということは「〇〇になったらどうしよう？」「〇〇になったらイヤだな」と、ただ思うことで、なんの解決も導き出しません。それなのに、何かに悩んでいるときは、悩みごとがその人の思考を独占し、集中力を奪ってしまいます。中には、「悩みがあるせいで何も手につかないまま1日が終わってしまった」という経験がある人もいるでしょう。

これに対して、解決法を考えるということは、自分ができることに集中する思考です。

・上司に対して、どういう態度をとれば、仕事をスムーズに運べるだろうか？
・自分のこれまでの人生から、何を学ぶことができるだろうか？
・同僚や友人によい影響を与えるには、自分はどのような態度で接したらよいだろうか？
・会社からの評価を高くするために、自分が今以上に会社に貢献できることは、なんだろうか？

このように自分ができることに集中し、解決方法を考えることは、悩むこととはまったく異なる結果をもたらします。

それは、「行動」です。そして、行動こそが問題の解決への近道といえるでしょう。

私たちが直面する問題は、次の3つに分類されます。

1　自分の考えや行動だけでコントロールできる問題（自分だけの問題）
2　他人の考えや行動が関与する問題
3　コントロールできない問題（過去の事実、自然現象、自分がまったく関与できないこと）

それぞれ対処の仕方が異なります。

1　自分の考えや行動だけでコントロールできる問題（自分だけの問題）

この問題は、いかに最良の選択をし、行動するか、という問題です。まさに、この部分が、私たちが思考を集中すべきことです。他人が考えることは、私たちにコントロールすることはできません。相手にお願いすることはできますが、そのお願いを聞き入れるかどうかは、相手が考え、決めることです。それをあれこれ悩んでも仕方ないのです。自分の周りで起こる出来事について、どの部分が「自分だけの問題」なのかを見抜く訓練をしていきましょう。

2　他人の考えや行動が関与する問題

上司や同僚、配偶者がどう感じ、どう考えるか、どう行動するか、会社が自分をどう評価するかなど、他人の考えや行動が関与する問題です。これらについては、「こう考えてください」と言っても、それに従うかどうかは、他人が決めることになります。そもそも私たちが自分でコントロールできることではありません。

したがって、「この問題の中で自分がコントロールできることは、なんだろう?」と、自分にフォーカスします。

そうすると、上司や同僚、配偶者への「接し方」については、自分がコントロールできることがわかります。自分がコントロールできることが判明したら、そこに集中し、「どう接したら、最も自分の望む方向に行きやすいだろうか?」などと考えて、結論を出し、行動を起こしていくのです。

その結果に対する他人の評価や態度については、その他人が決めることであってあなたが決めることではありません。

3 コントロールできない問題(過去の事実、自然現象、自分がまったく関与できないこと)

この場合にも、自分がコントロールできることを見つけていきます。たとえば、過去の事実を変えることはできません。しかし、過去の事実をどう「評価」し、「活用」するかは、自分でコントロールできます。過去の事実から、「自分が何を学ぶか」もコントロールできます。自然現象はコントロールできませんが、ある自然現象が起こったときに、「自分がどう対処するか」は、自分でコントロールできます。

このように、いかなる場合においても、「この問題の中で自分の力でコントロールできることは、なんだろう?」と自分に質問し、自分がコントロールできることにフォーカスしていくことが重要です。

自分がコントロールできないことを手放す勇気を持つことが大切です。

「人生は、できることに集中することであり、できないことを悔やむことではない」

――スティーブン・ホーキング

第3章

休憩と睡眠をたっぷりとるほど時間は増える

Episode 11 休憩の極意

ある製鉄所に、鉄を貨車に積み込むことを仕事にしている男がいた。

男は、お昼ごはんを食べる時間を除いては、朝から晩まで休みなく働いていた。男が積み込むことができる鉄の量は、1日だいたい12トンだ。1日の仕事が終わると、男はぐったりと疲れ切っていた。


同じ製鉄所に、同じ作業をしている別の男がいた。

この男の仕事の方法は、時計を見ながら、一定時間鉄を積み込んだら、また一定時間は腰をおろして何もせず休むというものだった。1時間あたりでは、26分働き、34分休んでいた。男が積み込むことができる鉄の量は、1日だいたい47トンだった。1日の仕事が終わったあと、男は朝と同じように元気な足どりで家に帰っていくのだった。

コツは「疲れる前に」休憩する

あなたはこの話を聞いてどのように感じますか？　1日中休みなく働く人よりも、1日のうち半分以上休んでいる人のほうが、約4倍も成果をあげるなんてことは、普通はあるわけがないと考える人もいるかもしれません。しかし、この話は、「科学的管理法の父」と称されるフレデリック・ウィンズロー・テイラーが、実際に行なった実験を元にしているのです。

これは、もしかしたら、筋トレをしている人には、感覚的に理解できる話かもしれません。たとえば、バーベルを使ったベンチプレスで、8回が限界のところ、8回やったあとに3秒休んでまた限界まで追い込んだら3秒休んでまた限界まで追い込む、ということを繰り返し、もう上げられなくなるまで追い込んだ場合、筋肉が回復するまでには、それなりの時間がかかります。しかし、3回やって少し休み、また3回やって少し休み、を繰り返せば、続けてやるよりも、同じ時間でずっと多くの回数をこなすことができます（もちろん、トレーニングの目的は限界を超える負荷を与えることなので、目的に反する結果になりますが）。

これは、肉体的な作業だけに該当するものではありません。知的作業についても同じことがいえます。休憩と作業効果の関係について、インターネットで検索してみると、朝日新聞デジタル版の記事で、東京大学の池谷裕二教授の次のような論文が紹介されていました。

論文によると、中学生に英単語の学習をさせるにあたり、1時間休みなしで学習する「60分学習」のグループと、15分学習したら休憩するというパターンを3回繰り返して学習する「15分×3回（計45分）学習」のグループに分け、翌日から1週間後にかけての上昇スコアを調査したところ、「60分学習」グループよりも「15分×3回（計45分）学習」グループのほうが成績がよかったそうです。

「15分×3回（計45分）学習」グループのほうが「60分学習」のグループよりも合計の学習時間が短いにもかかわらず、より高い効果をあげたということになります。

共通するのは、こまめに休憩をとっているということですが、着目すべき点は、**「疲**

れる前に休憩している」という点です。

人間の集中力の持続時間には限界があると考えられています。時間については、15分、45分、60分、90分、120分とさまざまな見解があります。個人差もありますし、作業の内容によっても変わってきますので、断定することは難しいと思います。

ただ、いずれにしても、疲れるまで集中力を使い、持続可能時間を超えてしまうと、そのまま作業を続けたとしても、集中力が低下して思うような成果をあげることができなくなります。場合によっては、ミスをしたりと、害になる可能性すらあります。

また、疲れ切ってしまった場合は、そこから回復するのに多大な休憩時間をとらなくてはならなくなります。

「もうこれ以上できない」という時点まで集中したり、疲労を感じながらも自分を奮い立たせて長時間仕事や勉強をがんばったという場合、「自分はやり切った！」という自己満足は得られるかもしれませんが、その日はそれ以上の活動ができなくなり、結果として、かけた時間や労力の割に、得られる成果が少ないということになってしまうのです。

ただ、この自己満足の誘惑は、かなり大きいものがあります。勉強や仕事は、毎日毎日成果が出るものではありません。なんらかの成果があったほうが自分の自尊心が満足します。そのため「私は1時間集中した」「100ページ読み切ったぞ」というような達成感で自尊心を満足させせようとするのです。しかし、これからは、その方法で自尊心を満足させることはやめましょう。自己満足をとるか、成果をとるか、決断をしなければなりません。成果を選んだ場合には、その成果を見て自己満足をするということになります。

疲れる前に休憩することで、これらのデメリットを防ぎ、短い休憩でもすぐに集中力を回復して、成果をあげることができるようになります。

きちんと休むことで集中力は持続する

私が、この「疲れる前に休憩する」に行き着いたのは、大学生の頃に司法試験の勉強をしていたときです。当時の司法試験の受験生は、みんな1日に10時間以上は当たり前に勉強していました。そして、毎日勉強で疲れ切っていました。

当初、私は、「1時間やったら、休憩しよう」「100ページまで読み切ったら、休憩しよう」というように、時間や量を基準に、一区切りをつけて休憩をしていました。

ところが、そのような休憩方法を採用した場合、勉強単位を間違えて一区切り終わるまでに疲れ切ってしまうことが何度かありました。

すると、休憩をしても、集中力が回復しないことに気づいたのです。通常であれば、10分も休憩すれば集中力が回復して、また勉強を再開できるはずなのに30分休んでも回復しないのです。

そのとき、私は、「人間は疲れ切ってしまうと、回復するのに長時間を要するのだ」ということを実感として学びました。では、どうすればいいのでしょうか?

答えは、**「疲れてはいけない」**ということです。「疲れてはいけない」ということになると、**疲れる前に休む必要があります**。そのためには、自分の状態を客観的に観察する必要があります。

そこで、私は、自分の集中の状況をよく観察して、疲れて集中力が低下してきたら、それがどんなに勉強の途中であっても、「あと少しで一区切り」というところであっても、強引に休憩に入るようにしました。

そうしたら、不思議なことに、1日中集中力を保てるようになりました。

現在、私の時間管理の最大の目標は、「最高の集中力が持続する状態を、1日の合計時間で、なるべく長く続くようにすること」です。自分の脳をできる限り有効活用して、重要な決断において適切な判断ができるようにしておきたいのです。そして、この休憩方法はその目標を達成するのに効果的であると実感しています。

具体的には、自分の疲労度に注意を向けて、「あっ、少し集中力が低下してきた」と自分で体感した時点でこまめに休むようにしています。「ここまでやったら休む」という仕事の区切りや、「第1章を読んだら休む」という勉強の区切りとは無関係に休んでいます。時間を測っているわけではありませんが、だいたい15〜20分仕事をしたら、2〜3分休憩をするということを繰り返しています。「なんだ。休んでばかりだな」と思われるかもしれませんね。そうなんです。休んでばかりなのです。でも、実は、そのほうが総合計時間では、集中力は長続きするのです。

自分に合った休憩サイクルを決めよう

「自分の疲労度に注意を向ける」と書きましたが、私は、昔から自分の今の集中度とか、体調とかを分析するクセがあります。しかし、このようなクセや習慣があまりない人にとっては、実は疲れる前に休憩するということは、意外と難しいことのようです。そこで、タイマーなどであらかじめ時間を決めて、それに沿って作業を休憩を繰り返すという方法もあります。

その中で有名なものでは、「ポモドーロ・テクニック」というものがあります。

これは、イタリア出身のコンサルタントであるフランチェスコ・シリロ氏が考案したテクニックです。ポモドーロとは、イタリア語でトマトの意味。シリロ氏が学生時代、試験勉強に行き詰っていたとき、家にあったトマト型のキッチンタイマーを使って時間を区切って勉強をしたところ、集中して課題に取り組むことができたことから、その名がつけられました（『どんな仕事も「25分＋5分」で結果が出る　――ポモドーロ・テクニック入門』斉藤裕一郎訳、CCCメディアハウス）。

現在では、世界的IT企業のソフトウエア開発者や大企業のCEOなどのビジネスエグゼクティブをはじめ、世界中で何百万人もの人が実践しているそうです。

その方法は、「タイマーを25分にセットし、その間集中して作業に取り組む、25分たったら作業をやめて5分間休憩する」というパターンを1ポモドーロとし、これを繰り返していくというものです。これを実践することによって、集中力・意志力の向上、不安の緩和、動機の維持、プロセスの改善などの効果が得られるといいます。

自分の集中力の持続時間がまだわからないという人は、試してみるといいでしょう。いろいろと実践していく中で、「疲れる前に休憩する」という感覚を身につけ、自分に最も合ったあったサイクルを見つけることが重要です。

最後に、休憩のときに何をするのがよいのかを述べておきます。

「集中」の反対は「拡散」になります。ですから、ぼーっとするなど意識を拡散させたり、集中力を要しない軽い運動をしたりすることが望ましいと思います。具体的には、瞑想したり、窓の外を見たり、横になったり、少し歩いたり、ストレッチをしたり、コーヒーを淹れたりすることが挙げられます。

反対に、休憩のときに絶対してはいけないのは、ほかの集中です。メールをチェックする、新聞や本、Ｗｅｂサイトを読むなどは避けたほうがいいでしょう。また、それまでしていた仕事について考えるのも、意識が拡散されませんので、休憩になりません。

日本人はこれまで、1日10時間勉強をした、夜中まで残業をした、全力を出し切った、そういう人を努力家で素晴らしいと評価したり、限界までやり切ることで自己満足を得たりする風潮がありましたが、そのような時代はもう終わりを告げようとしています。

重要なことは、一定の時間やり切ることではなく、成果を出すことです。

そのためには、自己満足を求めるのではなく、自分と対話し、自分をコントロールしていくことが大切なのです。

「休みたいのなら、なぜ今休まない？」

——ディオゲネス

Episode 12 木こりと斧から学ぶ仕事効率化

木こりは毎日必死に働いていた。けれど、1本の木を切り倒すのに今は8時間かかるため、1日1本しか切れない。木こりの手のマメはつぶれ、何時間も斧をふるっているうちに、血がにじんでくることもある。それでも、この木を切って材木商人に売らなければ生活ができない。休む間もなく斧をふるう毎日だ。

今日も同じように木こりが一生懸命木を切っているところに、たまたま別の木こりが通りかかった。この木こりはすでに1日のノルマとしていた2本の木を切り終え、家に帰るところだった。まだ木を切りつづけている木こりの仕事ぶりを見ているると、あることに気づいた。そこで、仕事を続けている木こりに話しかけた。

「斧の刃がボロボロになっているよ。それじゃ仕事がはかどらないだろう。仕事前には斧をよく研がなくちゃ。そうしたら、今の半分の時間で木を切り倒せるはずだよ」

一生懸命木を切っていた木こりは、顔も上げず、疲れのにじんだ声で答えた。

「斧を研いでいる時間なんてないよ。この木を倒すのに精一杯なんだから」

そしてまた仕事に没頭した。別の木こりはあきれたように首を振って家に帰っていった。

木こりの斧を研ぐには？

私たちの身体は、木こりの斧です。身体が不調であれば仕事に長時間を要し、絶好調であれば仕事は短時間で済みます。自らの体調管理は、時間管理のテクニック以前に、重要な土台となるものです。

同じ長さの時間、同じ仕事をしたとしても、効率がよいときと悪いときがあり、生産性が大きく変わります。機械的に時間を割り当てても思うような結果が得られないこともあります。

効率は体調と直結します。たとえ大きな病気などの支障がなくても、暴飲暴食、栄養不足、睡眠不足、運動不足などを原因とした疲労感、倦怠感により、集中力ややる気が低下し、効率は悪くなります。

仕事を効率的にこなすには、常に斧の刃を研いでおく必要があるのです。

体調管理の基礎をなす三原則は、睡眠・栄養・運動です。

「そんなことはもう耳にたこができるほど聞いている」と思った人もいるでしょうが、それでは、あなたは十分な睡眠をとり、栄養のある食事をとり、定期的に運動をする習慣が身についているでしょうか？　あるいは、身につけるための努力を、どれだけ本気で行なっているでしょうか？

こう反論する人がいるでしょう。

「十分な睡眠をとっているヒマなんてない。睡眠時間を削ってでも仕事をしないといけないのだ」

「勤め先の拘束時間が12時間もあるのだから、8時間睡眠など不可能だ」

先ほどのボロボロの斧で木を切っている木こりと似てはいないでしょうか。

また、生産性を上げようと努力しているものの、その努力の内容が、もっと効率的にメール処理をするためのメールテクニックや受信ボックスの整理術の本を読んだり、もっと速く本を読むために速読術の本を読んだり、寝る時間が少なくて済むように短時間睡眠に関する本を読んだりするというのであれば、「本質的な解決方法ではない」ということに気づかなければなりません。

睡眠をたっぷりとるほど生産性は上がる

とはいえ、かく言う私も、若い頃は、平日でも夜遅くまで酒の席に付き合うことがありました。でも、若かったので、今よりも体力があり、遅くまで飲んでも次の日は朝から仕事をすることができました。

ただ、お酒を飲む方なら実感があるかと思いますが、前日に飲みすぎた日は、仕事の生産性が落ちます。集中力が続かず、作業が遅く、成果物の質も悪くなりがちです。飲み会の席へ参加することには、新しい仕事につながったり、同僚や取引先とのコミュニケーションが円滑になったり、確かにメリットもあります。

私は、こう考えていました。

「これも仕事のうちだ。仕方がないのだ」

しかし、40歳をすぎたあたりから、年齢を重ね体力的に無理がきかなくなっていること、また、仕事の内容が体力勝負から頭脳労働にシフトしていることを考えても、デメリットのほうが大きくなることに気づきました。

また、若い頃は、深夜まで仕事をすることは日常茶飯事でした。現実的に仕事量が多く、そうせざるを得ないと考えていましたし、1時間仕事をする時間を作りたかったら、1時間睡眠時間を削るのが当然だという考え方をしていました。

そして、「自分の睡眠時間が短い＝たくさん仕事をしている」という、睡眠時間が短いことを自慢に思うような風潮に流されていました。

しかし、その結果は、結局は生産性や集中力の低下を招いていたと思います。

睡眠時間を1時間削ることによって、1時間余分に起きている時間を作り出すことはできました。

しかし、そのせいで、起きている時間のすべてにおいて生産性や集中力が低下してしまったということです。それは年齢を重ねるごとに、顕著になっていきました。

そこで私は、45歳のときに、生活習慣を大きく変える決断をしました。

仕事で出席しなければならない飲み会があるときは、飲み会自体は参加しても、酒量を控えめにして、なるべく早く帰るようになりました。少し顔を出しただけで帰ったからといって、周りはそれほど気にしていませんし、不利益がないことが多いものです。

そして、夜もなるべく早く寝て、朝早く起きるようになりました。朝の時間は、頭がすっきりし、周りの邪魔も入らないので、集中力を要する仕事に効率的にあてています。

そして、忙しい時期でもほぼ毎日、筋力トレーニングを行ない、食事での栄養バランスも意識するようになりました。睡眠・栄養・運動という健康の三原則に気をつかい、それを生活の軸において時間管理をすることで、常に絶好調の体調を作り出せるように努力しました。その結果、若い頃よりも、集中力と生産性が上がり、1日を通して最大限のパフォーマンスを発揮できる状態を保つことができていると思います。仕事の時間自体は増えておらず、むしろ減っていても、得られる成果が大きくなっている、つまり生産性が増しているのです。

このようなよいサイクルが生まれると、**仕事時間を減らし、睡眠時間にあてたほうが、時間あたりの効率だけではなく、処理できる仕事自体が増える**ことも考えられます。これは一般的な時間管理の考え方ではありません。「仕事の処理能力自体を上げ、生産性を向上することで時間短縮をはかる」という考え方です。

コンディション管理が仕事と人生の成果を決める

生産性とは、何も仕事だけに当てはまる言葉ではありません。体調管理がしっかりできず、睡眠不足や疲労でイライラしている状態では、家族や同僚、友人など、周囲の人に優しく接することもできません。ましてや、「人類のため」という大きな視点で、何かを成し遂げようという意志も生まれることはないでしょう。新しいビジネスや趣味にチャレンジする気力もなくなり、結果として、生産性の低い人生、実りの少ない人生を送ることになります。

世の中で、バイタリティにあふれている人、仕事に全力で取り組み、趣味も楽しみ、新しいことにチャレンジしていける人、いつも穏やかで、他人を悪く言ったり妬んだりせず、内的な安定性を持っている人というのは、自分の身体という斧をとても大切に手入れできている人です。

睡眠・栄養・運動の3つが大切なのはわかっているけれど、日常生活に追われて、腰を据えて取り組むことができていない、余裕があれば取り組みたいと考えている人は、それまでの認識を改めて、大きな意識改革をすることが必要です。すなわち、睡眠・栄養・運動の三原則を軸として、自分の生活を立て直すという意識です。

大切なことは、「自分の体調、コンディションを客観的に観察し、常に絶好調の体調を作り出すためにどうすべきか？」という視点で、毎日の行動を考えることです。

「もし私が、木を切る時間を8時間与えられたら、そのうち6時間は斧を研ぐのに使うだろう」

――エイブラハム・リンカーン

Episode 13 ToDoリストのワナ

ある会社員の男性は、時間をもっと効率的に使いたいと考えていた。時間管理についてのビジネス書を読むと、作業を効率的に処理していくためには、やらなければならないことを箇条書きで書き出していく「ToDoリスト」が効果的である、と書かれていた。

そこで、さっそく次のようなToDoリストを書いてみた。

□来月の会議のプレゼン資料を作る
□研修の報告書を書く
□メールチェック、返信

□次回のランチミーティングのお店の予約をする
□来週の出張の新幹線を予約する
□新規顧客開拓
□たまった雑誌を読む
□哲学関係の本を読む
□ジムに入会する
□トレーニングウエアを買う

会社に着いた彼は、このリストをデスクの脇のいつでも目に入るところに置いた。

「よし、どんどん処理していくぞ!」

さて、このリストの中で、重要で締め切りもある事項は、プレゼン資料作成と研修報告書だ。しかし、これはリサーチをしたりアイデアを考えたりと時間がかかる事項なので、最初に取りかかってしまうとほかの事項に取りかかれないかもしれない。あとでじっくり時間をとって取り組んだほうがいいだろう。次に重要と思う新規顧客開拓も、1日で終わるものではなく、戦略を考えたりしなければならないのであとにしたほうがよい。雑誌を読むこと以降の項目はプライベートなことなので、これも当然今はあと回しだ。

メールチェックはすぐできるのでまずここから取りかかることにした。

1時間後、メールチェックと返信が終わったので、リストの項目に終了を意味する線を引く。プレゼン資料に取りかかる前に、リストをもっと減らしたかったので、すぐ終わりそうなランチミーティングのお店の予約と、来週の出張の新幹線の予約をし、これも線で消す。

ToDoリストの終わった事項に線を引いて消していくのは達成感があり気持ちがいい。確か、先日読んだビジネス書にも、リストの項目を処理して線を引くと、快感を感じるホルモンのエンドルフィンが分泌されると書いてあった。

ランチ休憩後。プレゼン資料の作成に取りかかる。やはりリサーチに時間がかかる。それに午後になると、眠気も感じてきてなかなか集中できない。そして、急な打ち合わせまで入ってしまった。仕方ないのでプレゼン資料の作成は途中までであきらめ、残りは明日やることにして帰宅した。

夕食後。ＴｏＤｏリストをちらっと見て、哲学の本を読まなければとも思ったが、疲れていてとてもその気になれない。結局なんとなくテレビを見たり、ＳＮＳの投稿を見たりしているうちに夜も更けてしまった。

１カ月後。彼のＴｏＤｏリストを見てみよう。

□来月の会議のプレゼン資料を作る
□新規顧客開拓
□たまった雑誌を読む
□哲学関係の本を読む
□ジムに入会する
□トレーニングウエアを買う
□家族旅行の計画を立てる
□防災グッズの点検をする

□日記をつける

「プレゼン資料を作る」から、「トレーニングウエアを買う」までの項目はそっくりそのままリストに残っている。そこに、新たに3つの項目が追加されていた。

ちなみに、プレゼンをしなければならない会議は3日後だ。プレゼンの本番前には上司に見せて意見も聞かなければならない。朝会社に着くとすぐに彼は大急ぎでプレゼン資料の作成に取りかかった。直前になってバタバタしている自分が情けない。

「せっかくToDoリストを作成して時間管理をしているのに、自分はなんて実行力がないんだろう」

ＴｏＤｏリストを作る本当の目的とは？

ＴｏＤｏリストは時間管理のツールとして多くの人が使っています。しかし、ＴｏＤｏリストに関して、次のような調査結果があるようです。

「ＴｏＤｏリストの項目の41パーセントは決して終わらない。」

（「The Busy Person's Guide to the Done List」　ＴｏＤｏ管理サービスサイトによる統計）

なんと、リストのおよそ４割が決して終わらないというのです。

それはなぜでしょうか？

ＴｏＤｏリストは通常、すぐ終わるもの、時間がかかるもの、期限があるもの、期限がないもの、仕事に関するもの、プライベートに関するもの、学びたいこと、チャレンジしたいことなど、その性質が異なるものが混在しています。

そうすると、いざ取りかかる場合は、すぐ終わるもの、期限がせまっているものを先に選択しがちです。やることの選択には、自尊心も影響します。リストを消すと達成感があるので、簡単に終わって達成できそうなものを選択しがちになるのです。

つまり、ＴｏＤｏリストは、「単に作るだけだと、時間の効率性には影響しない」

ということです。

では、意味がないかというと、そんなことはありません。私もＴｏＤｏリストを作成しています。なんのために作成しているかということ、**覚えていなければならないことを、「忘れるため」に作成しています。**

たとえば、「ある時間に、誰かに電話しなくてはならない」といった、ちょっとした用があるとき、それを覚えつづけるのは意志がいることです。こういった用事が、ほかの仕事をしているときに頭を占めているのはとてもムダなことです。ウィルパワーも使います。

つまり、仕事に完全に集中できていない、脳を効率的に使っていないということになります。

この用事をＴｏＤｏリストに書いておけば、「これからすべきことはＴｏＤｏリストに書いてあるから、忘れていても大丈夫」という安心感につながります。ＴｏＤｏリストという外部記憶装置に情報を投げ込むことで、自分の頭がクリアになり、ほかのあらゆる仕事に対する集中力が高まるのです。

つまり、私にとって、ＴｏＤｏリストは、時間管理のツールではなく、集中力を高めるためのツールという位置づけになっています。

時間割のすごい効果

では、どうすれば、ＴｏＤｏリストが時間管理のためのツールになるかといえば、さらにひと手間を加える必要があります。

それは「スケジューリング」です。

スケジューリングとは、すべきことを、実際にいつ行なうのか、それを時間の流れの中に位置づけていくことです。

たとえば、次のように1日のスケジュールをその日の最初に決めてしまうのです。

9時～11時　来月の会議のプレゼン資料を作る
11時～12時　メールチェック
13時～15時　研修報告書
15時30分～16時　ランチミーティングのお店の予約、来週の出張の新幹線を予約する
16時～18時　残った仕事を片づける、帰宅
19時～20時　夕食

20時～20時30分　入浴
20時30分～21時　通えそうなジムをリサーチ、見学の予約、ウエア注文
21時～22時　哲学関係の本を読む

スケジューリングを行なう際にも注意点があります。それは、すでに説明した「計画錯誤」です（61ページ）。計画錯誤とは、人が何かを計画するとき、作業にかかる時間を短く見積もりすぎる傾向があることをいいます。計画を実際に実行に移すと、予定していた時間よりも多くの時間がかかってしまうのです。計画錯誤への対処法は、すでに説明した通りですが、とりあえずは、余裕を持ってスケジューリングすることを心がけるといいでしょう。計画通りに進むと、スキマ時間ができますので、その時間に何をするかも決めておきましょう。

帰宅後のプライベートな時間までスケジューリングするなんて窮屈だと感じる方もいるかもしれませんが、むしろ、1日の仕事が終わり、ウィルパワーが消耗している**帰宅後の時間帯こそ、しっかりスケジューリングしていないと、ダラダラと無為にすごすことになってしまいます。**それでも、疲れているから少しはダラダラしたい、ス

トレス発散にテレビやネットを見たり、ゲームをしたいと思うのであれば、「ダラダラする時間」「テレビを見る時間」「ネットをする時間」もスケジューリングしておくのです。

同じダラダラする時間でも、それを計画通りにやっているのと、「気づいたら時間がすぎていた」というのとでは、感覚的には雲泥の差です。スケジューリングしていれば、「ゆっくりすごしてリフレッシュできた」と思えますが、無計画だと自己嫌悪におちいります。

そして、スケジューリングしたらそれを守ることです。ここでは、「締め切り効果」を利用します。

「時間内に必ず終わらせる」という強い決意を持つことによって、集中力を高めるのです。

「自分が立てた計画通りに行動でき、かつ、達成した」という実感は、想像する以上の自己肯定感につながります。そうすると幸福感も増し、さらにやる気が出て計画したことを実行できる、という好循環をもたらし、より充実した人生を送ることができるのです。

私の考えでは、ＴｏＤｏリストは、忘れることによって集中力を高めるためのツールであり、ＴｏＤｏリストとスケジューリングを組み合わせ、締め切り効果によって集中力を高めることによって初めて時間管理のツールになる、という位置づけになります。

「実のところ、自分が選んだことをやるための時間はたいがい作れる。足りないのは時間ではなく意志だ」
――ジョン・ラボック卿　イギリスの銀行家、政治家

Episode 14 時間は金貨

ある村には、不思議なルールがあった。

その村には、1枚の大きな金貨があった。

村人たちは、村の農業、商売、行事、自然災害対策などの計画や作業の進め方、方針など、決めなければその先の作業ができないようなことがあると、その金貨を持って村長のところに相談に行く。そして、相談をすると、金貨を村長のところに置いて帰る。村長は、回答を考えると、相談者を呼び、その回答とともにその金貨を返す。すると、次に相談ごとがある村人が、金貨を受け取り、金貨を持って村長のところに相談に行く。これがこの村のルールだった。

そして、その金貨は、村人のところにある間は変化はないが、村長のところにある間は、だんだん小さくなっていくのだった。

金貨は1つしかない。なくなったら大変である。そのため、村長はできる限り早く回答し、金貨を村人に返さなければならなかった。これ以上金貨を小さくしたくないと考えた村長は、村人が金貨を持って相談に来たら、村人を帰らせずにその場で問題を考えて回答し、そのまま村人に金貨を持たせて帰らせるようになった。

その結果、金貨はそれ以上小さくなることはなかった。

リーダーはチーム全体の時間効率を考えよう

この金貨の正体はなんでしょうか？

それは、村人全員の時間です。

それでは、なぜ、金貨の大きさは、村人が持っている間は変化がなく、村長が持っている間だけ小さくなっていくのでしょうか。

それは、村人が持っている間は、村人たちは自分がするべき仕事をし、時間を有効に使うことができるためです。

しかし、村長が金貨を持っている間は、村人は、村長から回答があるまでは、方針が決まっていないのですから、仕事を進めることができません。ずっとやることがなく、ムダな時間をすごしているのです。

村長が、「難しいからあとで考えよう」「正しい判断ができるように、もっと情報を集めてゆっくり考えてから回答しよう」と考えて、問題を自分の手元に置いていると、その間、村人たちはずっと待ちつづけ、ムダな時間をすごさなければならないのです。

「金貨が小さくなる」ということは、すなわち「相手の時間を奪っている」ということになります。

ですから、村長は、解決のために最終的な正しい回答をしようとして、自分で情報を収集したり、考えたりして自分の時間を使っていると、自分の時間を使うほかに、村人の時間をムダに奪ってしまうことになるのです。

村長は、自分が引き取って、必ず最終的な正しい回答をする必要はありません。

それよりも、自分を含めた村人全体の時間を効率的に使うことを考えなければなりません。

回答するためにもっと情報が必要であれば、「この情報が必要だから集めてほしい」と村人に指示を出し、村人の時間を使って必要な情報収集をして、その間、自分はほかの村人の相談に乗るなど、自分と村人の時間を最大限に有効活用するよう自分の時間を配分することこそ大切なのです。そして、必要な情報が集まったら、その情報をもとに決断を下せばよいのです。

「待たせる」=「時間のムダ」

往々にして、リーダーは、部下から相談があると、それを解決するために問題を引き取ってしまうことがあります。それは、先ほどの村長のように、「ゆっくり考えて正しい回答をしよう」という思考のほかにも、「自分がやったほうが早い」とか、「自分のほうがいい結果が出せる」とか、「自分がやる責任がある」などの思考が生じるからだと思います。

しかし、問題を引き取ってしまうと、引き取った側の労力に見合う結果しか得ることができません。リーダーが1時間考えてその問題を解決したとしても、その間の1時間、部下の仕事は進みませんし、ほかの部下もリーダーに相談することができません。

そうする代わりに、リーダーが部下に対して、問題解決のために必要な指示をすぐに出すことができれば、部下がその指示に従って1時間仕事をしている間に、ほかの5人の部下の相談に乗ってまた指示を出すこともできます。そうすれば、1時間で得られる効果は、5倍もしくはそれ以上にもなるでしょう。

ですから、**リーダーは相談をされたら、できる限りその場で考え、すぐに指示を出すようにすることが大切です。**むやみに問題を引き取って、自分の時間とともに部下の時間まで消費し、金貨を小さくしてしまうような事態を避けなければなりません。

また、たとえリーダーでなくても、メールの返信が遅い人などは、返信を待っている人の金貨を小さくしていることがあります。その返信がなければ仕事が進められない件はまさにそうですが、そこまで重要な内容ではないとしても、返事を必要とするメールを放置しておくと、「あの件でまだ返信が来ないな」「メールしたはずだが、ちゃんと確認してくれているだろうか？」などと相手は考えるでしょう。このような思考を相手に発生させること自体が、その人の時間を奪っていることになります。すぐに返信をしていれば、このような思考を発生させることもありません。

メールに関しては、逆の場合もあります。あいさつや前置きがやたらと長いメール、用件がわかりにくいメール、要領を得ず受け取った側が再度質問をしなければならないメールなども相手の時間を奪うことがあります。

1人ひとりが時間という貴重な金貨を持っていて、それを有効に使うことも、小さくしてしまうことも、自分の行動にかかっているということを、常に意識して生活したいものです。

「平気で人生を1時間ムダにする人は、人生の価値をまだ知らないのだ」

――チャールズ・ダーウィン

Episode 15

睡眠時間をたっぷり確保する

私（谷原）は、25歳で弁護士になって、ある法律事務所に勤務弁護士として勤務した。

その事務所での仕事は大変忙しく、私は自宅に帰る時間が惜しいので、寝袋を事務所に持ち込んで眠るようにし、近くのサウナで汗を流すようにした。やらなければならないことが多いので、仕事が終わるまでは寝ないようにした。その結果、睡眠時間は4時間くらいになってしまった。短時間睡眠にしなければ仕事が終わらなかったのだ。

睡眠不足で翌日の集中力は落ち、仕事がなかなか終わらなかった。そのため、翌日も夜遅くまで仕事をしなければならず、また睡眠不足におちいった。しかし、仕事がある以上、仕方ないと思い込んでいた。
もっと早く睡眠の真実を知っていれば……。

睡眠不足は百害あって一利なし

私は、弁護士業のかたわら、複数のメルマガ発行、ブログ記事の執筆、ユーチューブチャンネルでの動画配信、セミナー講師、テレビ出演、法律専門書の執筆、本書のようなビジネス書の執筆などをしており、周りからは超多忙人間だと思われているようです。そのせいか、よくこういうことを言われます。

「相変わらずお忙しそうですね。1日何時間くらい睡眠をとれてますか？」

私はこう答えます。

「だいたい7時間くらい眠るようにしています。たまに8時間眠れるときもあります」

そうすると、たいてい驚かれます。想像していたより睡眠時間が長いと感じるからでしょう。多くの人は、「忙しい人は睡眠時間を削って仕事をしている」と思っているようです。

私も、若い頃は、そういう考え方をしていました。そして、そのほうが自尊心が満足したのです。

他人と雑談をしている際に、「昨日は仕事で3時間しか寝てないよ」と発言するのは、「自分はたくさんの仕事をもらっており、こんなにたくさん仕事をしてがんばっている」という趣旨を相手に伝えようとしているのです。その結果、自分の自尊心を満足させようとしているのです。子どもの頃、手足の大きな傷跡を見せて、「オレなんか、こんなケガをしたんだぜ！」と自慢しているのと同じようなものです。

実際、若い頃は、毎日深夜まで仕事をしていました。寝袋を事務所に持ち込み、起きていられるギリギリまで仕事をして、そのまま事務所に泊まり込んだりすることもありました。しかし、体調管理（Episode12）のところでも述べましたが、45歳のときにそのような生活スタイルを一新し、睡眠・栄養・運動という健康の三原則を中心とする生活スタイルに変えました。その結果、若い頃よりも、集中力と生産性が上がったと実感できるようになったのです。

そして、この睡眠・栄養・運動の中で、特に、毎日の仕事のパフォーマンスにダイレクトに影響があると感じるのが、睡眠です。

実感としては、1日睡眠不足になってしまうと、そのあと2日くらい、集中力が続かない、頭がぼーっとする、疲れが抜けないという症状が起きてしまうのです。

また、睡眠と運動も関連しています。私は5年ほど前から筋力トレーニングをほぼ毎日行なうようになりましたが、運動を始めてから睡眠の質が上がったと感じます。

筋トレに関連して、購読している「MUSCLE&FITNESS」という月刊誌に、睡眠に関する記事がありました（2018年8月号）。要約すると、以下のような研究結果が出ているそうです。

・一晩の睡眠時間が8時間未満（特に6時間未満）の場合、身体が疲労して消耗した状態にいたるまでの時間が最大30パーセント短縮する
・睡眠時間が2時間減少すると、運動時のケガの発生率が2倍になる
・男性、女性の同じ人物について、一晩の睡眠時間が5時間の場合と8時間の場合の写真を見比べて評価してもらったところ、同じ顔でも8時間睡眠をとったときのほうが明らかにより健康的で魅力的に見えた

つまり、睡眠不足になると、最大限のハードな運動がしにくくなり、ケガをする確率が高くなり、外見の魅力が低下するというわけです。

また、睡眠に関する書籍はたくさん出版されていますが、その中の『SLEEP最高の脳と身体をつくる睡眠の技術』（ショーン・スティーブンソン、花塚恵訳、ダイヤモンド社）では、次のような研究結果が出ていると書かれています。

・カナダ内科学会が発行する『カナディアン・メディカル・アソシエーション・ジャーナル』誌によれば、被験者全員が同じ運動をして同じ食事をとったにもかかわらず、

睡眠不足のグループ（毎晩6時間未満）は、毎晩8時間以上眠ったグループに比べて一貫して体重や体脂肪が減らなかった

・アメリカ睡眠医学会が発行する『スリープ』誌の記事によると、14年間に9万8000人を調査した結果、睡眠時間が4時間未満の女性は、心疾患によって死期が早まる確率が2倍高まる

・WHO（世界保健機関）が14年にわたって657人の男性を追跡調査した研究によると、睡眠の質が低い男性は心臓発作を起こす確率が2倍に上昇したほか、実験期間中に発作を起こした確率は4倍近く上昇した

・十分な睡眠をとらずにいると、何をするのも遅くなり、創造力が衰え、ストレスが増大し、仕事のパフォーマンスが下がる

・睡眠不足になると、頭頂葉と前頭前皮質のグルコースは実質14パーセント失われる。（頭頂葉と前頭前皮質は、考えるとき、複数の考えを区別するとき、人前に出たとき、善悪の判断をつけるときにいちばん必要となる脳の領域）

・アメリカ睡眠医学会が発表した調査によると、睡眠不足は、大量の酒やマリファナを摂取した状態と同等の影響を学業の成績に及ぼす

「就寝準備」で素早くベッドへ

この研究結果のように、睡眠不足が人間にもたらす悪い影響は、実にさまざまなものが報告されているのです。

けれど、「睡眠不足が体に悪いことくらいわかっている！ わかっているけど、規則正しい睡眠を確保することは難しいんだ！」という声が聞こえてきそうです。

なぜ難しいのでしょうか？

それには、入眠するまでの行動が関係していると思います。

入眠する前の行動には、人それぞれ「しなければならないこと」「したいこと」などがたくさんあるものです。食事のあと片づけをしたり、部屋の片づけをしたり、お風呂に入ったり、歯磨きをしたり、明日の準備をしたりしなければならないかもしれません。また、「テレビを見たい」「読書をしたい」「ネットをチェックしたい」「SNSの閲覧が止まらない」というような「したいこと」も多いでしょう。

私はこれらの寝るために付随する行為を**「就寝準備」**と呼んでいます。

この就寝準備を自分できちんとコントロールし、決まった時間に就寝するためには、ウィルパワー（意志力）が必要となります。しかし、ウィルパワーは、前にも述べましたが、限りがあるもので、1日の終わりに差しかかった時間帯には、底をついている可能性があります。そうすると、夕食を食べ終わってソファに座ったまま、あるいは帰宅してソファに倒れ込んだまま、「疲れたなあ」と思いながらテレビをつけたり、スマホに手を伸ばしたりしてしまえば、重い腰がさらに重くなります。「早く寝たほうがよい」と頭では思いながら、就寝準備という行動に入ることのおっくうさから、逃避行動に走ってしまい、夜ふかしをしてしまうのです。

まずは、「夜はウィルパワーが低下しているのだ」ということを意識することです。あるいは、「自分は今逃避行動に走っていないだろうか？」と自問するのもいいと思います。家族がいれば、お互い、「就寝準備にとりかかろう」と声をかけ合うのも1つの手です。

「早く寝てしまったら自分の自由時間が減ってしまう！」と嘆く人もいます。

仕事や家事や育児に追われ、1日のうちで眠る前の自由時間だけが楽しみだという人もいるかもしれません。その気持ちももちろんわかります。

けれど、前述した通り、夜はウィルパワーが枯渇しており、自分をコントロールする力が減っているのです。そのような時間に起きていれば、際限のないネットサーフィンや、不必要な夜食や、アルコールの飲みすぎなどの誘惑に負けてしまう可能性が高いです。そこで得られる束の間の幸福感は、翌日感じるであろう罪悪感、倦怠感、疲労感、そして科学的に証明されている睡眠不足がもたらすさまざまな弊害と比較すれば、固執するものではないということははっきりしています。

反対に、**早く寝て、朝早く起き、自由な時間を朝にとることができれば、それにより得られる幸福感は、人生を変えるほどのものといえます。**

これは、日中仕事をして、夜中に仕事や勉強をしているという人に対してもいえます。ウィルパワーは集中力の源なので、ウィルパワーが枯渇している夜に仕事や勉強をしても、集中力が発揮できず効率はよくありません。であれば、朝早く起きて、ウィルパワーが十分な状態で取りかかったほうが、高い集中力を発揮できます。夜型でどうしても夜に集中したい人は、夜中までの間に一度睡眠をとってウィルパワーを充電するのです。また、朝はそのあとの予定もありリミットがはっきりしているため、短時間で成果をあげようとするため効率も上がります。

私自身は、夜中に仕事をするのをやめ、睡眠時間をしっかり確保するようにしたら、

1日の時間が急に短くなったように感じました。しかし、それを嘆くのではなく、「1日のうちにやりたいことが限られるから、より効率的に時間管理をしよう」と前向きに捉えています。

計画的に睡眠をとることでパフォーマンスが上がる

本来は「毎日決まった時間に寝て、決まった時間に起きる」という規則正しい生活が理想ですが、仕事の内容によって帰宅時間がばらばらになってしまう人にとってはなかなか難しいでしょう。私の場合も、帰宅時間は日によって異なりますので、同じ時間に寝るということはあきらめています。しかし、その分、毎晩の就寝準備の時間の設定をきちんと考えて行動しています。

まず、翌日起きたい時間を確認します。そこから必要な睡眠時間を計算して、入眠時間を設定します。そうしたら、就寝準備として自分がやること、やりたいことをピックアップして、計画を立てるのです。

実は、「計画を立てて実行する」ということは、仕事だけでなく、睡眠のためにも必要だというのが私の考えです。そうすることにより、自分が理想とする睡眠時間を確保し、その結果、翌日のパフォーマンスが最大となり、その結果、時間を最大限に有効活用できるようになるのではないかと思います。

「充実した人生を送るための基本となるのが睡眠である」という意識を常に忘れないようにしたいものです。


「朝寝は時間の出費である。それも、これほど高価な出費はない」

――アンドリュー・カーネギー

第4章

テクニックを捨てて ルールを見直すと 時間は増える

Episode 16 病気の鹿

森に住んでいる鹿が病気になってしまった。自由に歩き回って草を食べに行くことができなくなってしまったため、鹿はやっとのことで原っぱに這い出て、若芽が豊富な場所を見つけ、横になった。

「ここならお腹が空いたらすぐ草を食べることができる」

病気が治るまで、鹿はそこで療養することに決めた。この鹿はとてもおとなしい性格だったので、ほかの鹿やウサギやヤギなど、友人がたくさんいた。友人たちは、この鹿が病気になって原っぱで療養していることを聞きつけると、ひっきりなしにお見舞いにやって来た。

しかし、みんな、病気の鹿のことはほとんどそっちのけで、おいしそうな若芽を見つけるとむしゃむしゃ食べては森へ帰って行った。このため、鹿は、病気ではなく飢えのために死んでしまった。

SNSに時間を奪われていませんか?

この話はイソップ寓話集の「病気の鹿」という話ですが、なんとも皮肉な話です。「自分にはこんなひどい友人はいない」と思う人のほうが多いでしょう(そうでなければ困ります)。しかし、友人たちに食べられてしまった「草」を「時間」と捉えると、どうでしょう?

人とかかわるということは、とりもなおさず自分に必要な草、すなわち時間をその相手に与えるということなのです。

友人、知人との交流の仕方は、インターネットの登場で激変しました。

今では多くの人がＳＮＳを使っています。フェイスブックでは、つながっている友達の人数が表記され、投稿すれば、瞬時に「いいね！」が押され、何人の人が「いいね！」を押してくれたのかもすぐわかります。また、インスタグラムでもツイッターでも、フォロワー数が表示されています。有名人になると、フォロワー数が何百万人という人もいるようです。「フォロワー数が多い＝人気がある」という考えが浸透しています。そのため、フォロワー数を増やすために、フォロワーをお金で買えるというサービスもあるようです（違反行為ですが）。

ＳＮＳ上の友達、いわゆる「つながっている人」や「フォローしている人」の中には、幼なじみや同窓生など本当に親しい友人から、仕事関係でつながりがある人、交流会などで一度名刺交換をしただけの人、有名人など一度も会ったことがない人など、さまざまな関係の人がいると思いますが、こういう人たちが「あなたの時間を奪う」というのは、どういうことでしょうか？

まずは、通知機能があなたの時間を奪っています。

メッセージ、グループチャット、イベントの告知、新しい投稿の通知、あるいは新商品の広告など、毎日たくさんの通知があなたに届きます。

それらの通知機能を、携帯電話やパソコンでオンにしている人は要注意です。

たとえば、仕事に集中しているときに携帯電話やパソコンになんらかの通知が届いた場合、すぐに見てしまう場合はもちろんですが、たとえ開いて見なかったにしても、通知音が鳴ったことや、見るか見ないかという判断をすることによって、集中力は間違いなく途切れてしまいます。**人は、一度集中力が途切れると、また元の集中に戻るまでにかなりの時間がかかるともいわれています。**1回の通知によって、自分が集中して何かに取り組めたであろう時間が奪われてしまったということになるのです。

また、純粋に他人の投稿を見ている時間というのも、バカになりません。自分はそんなに見ていないという人でも、実際に測ってみると、自分が思っているよりも時間を使っていたという場合が多いものです。

これらの時間がすべてムダということではもちろんありません。これらのツールによって、新たな知識を得たり、すばらしい出会いがあったり、ビジネスにつながったり、交流が深まったりして、人生がより豊かになったという場合もたくさんあると思います。

問題なのは、「時間を奪われる」というデメリットについて、多くの人があまりにも無自覚であるということです。

そして、この鹿のように、気づいたら自分の滋養になるはずだった草、すなわち時間がなくなってしまったということになってしまうのです。

携帯電話の通知をオフにする

本書では繰り返し述べる点ではありますが、大切なことは、「自分の人生である時間を、自分でコントロールできる状態にしている」ということなのです。友人たちのアクション（メッセージ、投稿、およびそれらの通知など）によって、強制的に自分の集中力や思考が奪われているのでは、コントロールできている状態とはいえません。

自分でコントロールできる状態にするには、「SNSでつながる人を厳選する」「通知はすべてオフにする」「投稿を読む時間を決める」「インターネットを遮断する時間を決める」などの対処法を、自分で考えて積極的に実践していく必要があります。

私も携帯電話の通知はすべてオフにしています。電話は、呼び出し音は鳴らさず、すぐに留守番電話になるように設定しています。バイブレーションもオフなので、携帯電話に出ることはありません。基本的に、携帯電話は目に見えるところには置かず、スーツの内ポケットやカバンの中、自宅では仕事をする部屋とは別の部屋の充電器のところに置いています。メッセージや留守番電話のチェックをするのは、仕事に一区切りがついた段階です。

このように最低限しか携帯電話を使用しないでいると、「緊急の場合に対処できないのではないか？」と思う方もいるかもしれませんが、携帯電話が一般化する前は、すべての人がそれで生活や仕事ができていました。

また、命や人生にかかわるような緊急な用件というのはそう頻繁にはありません。多少締め切りの時間がせまっているという案件でも、メールでの連絡で事足りる場合が大半です。私が携帯電話に出ないことは知られているので、ほぼ電話はかかってきません。

私が最優先に考えているのは、その瞬間に自分がやると決めた作業を集中して行なうことです。電話はかける人が受電する人に用事があるということが多いと思うのですが、私は「電話をかけた人の都合よりも、自分の都合を優先する」という選択をしていることになります。そのために、「他人が私に対して適時に連絡をとれる状態にしておく」というメリットを犠牲にしています。これは、私の選択です。

中には、会社から携帯電話を持たされて、業務時間中に必ず電話に出ることを指示されている人もいるでしょう。そうなると、電話に出ること自体が業務なのですから、このようなことは無理でしょう。しかし、終業後はどうでしょうか。オフにできるはずです。もちろん「終業後であっても仕事の電話がかかってきたら対応する必要がある」という人もいるでしょう。しかし、それは自分の選択です。電話に出なければ仕事を失ったり、叱責を受けるという結果が待っているだけのことであり、「無理だ」という理由にはなりません。

もちろん、誰かが自分に電話をかけてきたときに、必ず電話に出ることを優先するのも選択です。そのために犠牲にするのは、自分の時間です。そのような選択をした場合には、「みんなが電話をかけてくるので、自分の時間がない」というような不満を感じてはいけません。それは、自分で選択した結果だからです。

現代のように、いつでも誰かと「つながっている状態」が実現可能で、それが当たり前になってしまうと、そのことによって自分の時間がどんどん奪われることになってしまいます。

そして、1日のうちでつながらない状態、つまり外部からの情報を完全に遮断した時間を意識的に作るなど、自分で行動を決めて、実践していくことが大切です。

「人間同士の交際は、一般的にあまりにも安っぽすぎる。われわれがたがいを益する新しい価値を身につけるためには、ろくに時間を使わなかったくせに、ほとんど間断なく顔をつきあわせている。」

――『森の生活（上）（ウォールデン）』H・D・ソロー

Episode 17 マルチタスクのワナ

私（谷原）は、１９９４年に弁護士になった。

その頃はまだ仕事場にパソコンはなく、ワープロ専用機で裁判文書などを作成していた。

その後、１９９５年にウィンドウズ95がリリースされ、文書作成はパソコンに切り替わっていった。

仕事の中心がパソコンに切り替わるのと並行して、仕事上の連絡に電子メールが使われるようになっていった。

私は、即仕事をするのをモットーにしていたので、電子メールを受信したら、できる限り早く返信するようにしていた。

そのため、電子メールが届くと、「ポーン」と音が鳴るように設定した。裁判書類を作成しているときに電子メールを受信したら、いったん書類の作成を中止し、電子メールの返信文を書いていた。

顧客からは、「驚くほど返事が早いですね」と言われ、いい気になっていた。また、途中、電話が鳴ると、電子メールの返信文を書くのを中止して電話対応し、電話が終わると、電子メールに戻り、それが終わると、裁判書類の作成に戻った。

その後、SNSが登場し、フェイスブックやツイッターなども使うようになった。方針は、同じ。デュアルディスプレイ（パソコンの画面のほかに別途画面を表示する）で常にフェイスブックのページを開き、コメントがあると、すぐにそれに返信したりしていた。

そしてまた、裁判文書の作成に戻るのだが、その直前まで考えていた論理展開を忘れてしまっており、また一から論理を組み上げないといけなかった。しかし、私は、それは仕方のないことだと思っていた。

マルチタスクよりもシングルタスク

「マルチタスク」という言葉があります。複数のタスクを同時並行的に行なっていくことです。マルチタスクができる人は、「仕事ができる人」というイメージがあります。

かつての私もそうでした。

しかし、あるとき私は、とても効率の悪い時間の使い方をしていることに気づきました。

裁判書類を作成するにあたっては、次のことが要請されます。

①全体の戦略を考え、
②文章の流れを整理し、
③1つ1つの表現にも気をつかって、
④論理的かつ説得力のある文章を書く

つまり、高度の集中力を要するのです。

一度思考を中断すると、次に戻るときには、前回と同じように多くの時間を費やします。

たとえば、ある裁判の訴状を書いているとして、全体の戦略を考え、それを前提にして文章構成を考えている途中に電話がかかってきて、しばらく話をしたとします。電話を切ったあと、訴状作成に戻ろうとすると、先ほどの思考の途中からすぐに始めることができません。

一度思考が中断されると再度、頭の中で全体の戦略を思い出し、文章構成の全体像を構築し直さないといけなくなるのです。

ここが、日記などの簡単な文章と、高度の集中力を要する文章との違いです。

したがって、このような作業を、別の作業のために中断してしまい、その後再度同じプロセスを踏むのはとても非効率的なのです。

これは、裁判書類に限りません。

集中力を要するメールの文章もそうですし、本書のようなビジネス書の執筆もそうです。

1つ1つの作業に集中して取り組んで完了させ、次の作業に移っていったほうが断

然効率的なのです。

マルチタスクという言葉自体は、1960年代に初めて登場し、もともとはコンピュータに対して使われていた言葉でした。パソコンの性能向上にともない、ソフトを複数立ち上げ、多くのタスクを同時に作業することが一般的になったことから注目されるようになった用語です。転じて、パソコンに限らず、さまざまな仕事を同時に行なうスタイルを指す言葉として定着しています。

以前の私がしていたように、パソコン上で文書作成をしながら、エクセルも同時に立ち上げ、新着のメールもチェックし、SNSの確認・返信をするといったことを同時にしている人は多いのではないでしょうか。

マルチタスクはいかにも時間内の仕事の総量が増えそうで、生産性が高いように思えます。「マルチタスクができる人」と聞くと、有能な人物のように感じるでしょう。

しかし、現実は、そうではありません。

『SINGLE TASK 一点集中術 ――「シングルタスクの原則」ですべての成果が最大になる』（デボラ・ザック、栗木さつき訳、ダイヤモンド社）という本によれば、人間は実際にはマルチタスクをすることは不可能であるそうです。脳は一度に1つのことにしか集中できないのであり、一般に「マルチタスク」と考えられている行為は、タスクからタスクへと注意を向ける先を切り替えているだけで、「タスク・スイッチング」にすぎないというのです。

いまだに私は、「今日は研修を受講しなければいけないな。やるべきことがあるから、研修を聞きながら、パソコンで内職をしよう」と思い立つことがあります。

それで、実際に両立ができるかというと、できたためしがありません。

研修講義を聞いているときはパソコン作業ができず、パソコン作業をしているときは研修内容が頭に入ってこないのです。

並行して複数の仕事をしていると、あちこちに思考が飛び、元の仕事に戻るとき、今までの仕事内容と進捗を復習してから、改めて集中の状態である「ゾーン」に入らなくてはならなくなります。人は結局、まったく同時に2つのことはできないのですから、どうしても時間のロスが生じます。

また、前の作業に注意力を残したまま次の作業に取り組むと、目の前の作業に集中できなくなります。ミネソタ大学のソフィー・ルロイ教授は、この現象を「注意力の残留」と呼び、「次のタスクにしっかりと取り組み、きちんとやり遂げるには、以前のタスクについて考えるのをやめ、注意力を完全に移行させる必要がある。ところが研究の結果、完了していないタスクから新たなタスクに注意力を移行させるのはむずかしいことがわかった。そのため、次のタスクをしっかりと完了することができないのだ」と述べています（ライダー・キャロル、栗木さつき訳、『バレットジャーナル 人生を変えるノート術』ダイヤモンド社）。

さらに、ある実験のデータでは、マルチタスクが作業効率を40パーセント低下させ、シングルタスクに比べて作業時間が50パーセント長くなり、作業ミスが50パーセント増加するという指摘もあります（メンタリストＤａｉＧｏ『倒れない計画術 まずは挫折・失敗・サボりを計画せよ！』河出書房新社）。

あなたは仕事に「集中」できていますか？

現代社会の恐ろしいところは、マルチタスクをすることで時間を有効に使っていると思っていたり、マルチタスクをするのが当たり前になっていて、自分が集中していないことを自覚すらしていないことです。まさに「マルチタスクのワナ」にはまっているのです。

このマルチタスクのワナから抜け出し、時間を本当に有効に使うには、1つの仕事、シングルタスクに集中し、それを妨げるものを排除する方法を考えるべきです。

私の場合は、仕事のやり方を自分で決めることができますので、集中力を要する作業をする場合には、自宅で作業をしたり、事務所で行なう場合には電話をストップしたりします。

会社に勤めている人は、現実的には難しいかもしれませんが、「1日のうちで比較的邪魔が入りにくい時間帯を見つける」というのは可能ではないでしょうか。また、自分の中で仕事に対する優先順位が高い場合には、早朝出勤して集中して仕事に取り組むという方法もあるでしょう。

なお、**2つの無関係な作業のうち、1つが意識的な努力を必要としない場合であれば、脳の同じ部位を使うわけではないため、マルチタスクには当たりません。**

たとえば、ランニングをしながら音楽を聴いたり、食器洗いなど単純な家事をしながらオーディオブックを聴いたり、テレビを見ながらストレッチをしたりするようなことです。実際、私も筋トレをするときはアップテンポの音楽を聴いており、それによってよりやる気がわいてくるのを感じます。このように干渉し合うことのない作業同士であれば、効率的に時間を使えることになるでしょう。

マルチタスク全盛の時代は、1人になれる時間を作るのが難しく、常にあちこちに気が散っていて、集中力を発揮するのが難しい時代であるといえます。しかし、だからこそ、シングルタスクの重要性を認識し、いかにしてシングルタスクに集中する環境を作ることができるかが大切になってきているのです。

「成果をあげるための秘訣を1つだけ挙げるならば、それは集中である。成果をあげる人はもっとも重要なことからはじめ、しかも一度に1つのことしかしない」

――ドラッカー

Episode 18 目標達成は「イス取りゲーム」

子どもたちが走っている。走って行く先を見ると、いくつかのイスが置いてある。
それぞれの子どもは、背中に、「睡眠」「仕事」「英語の勉強」「ゲームで遊ぶ」
「ネットサーフィン」「読書」という文字が書かれている。
さあ、子どもたちがイスにたどり着いた。いっせいにイスを奪い合っている。
結局、イスが足りず、1人の子どもが座れなかったようだ。その子の背中には、
「英語の勉強」と書かれていた。

なぜ、あなたは目標を達成できないのか？

おそらくほとんどの方が子どもの頃にイス取りゲームをやったことがあるのではないでしょうか。たとえば、５つのイスを置き、６人でイスの周囲を音楽に合わせて回り、音楽が止んだタイミングでイスに座り、座れなかった１人が負け、というゲームですね。私は、目標達成というのは、このイス取りゲームのようなものだと考えています。

新年などの区切りに、目標を立てる人は多いと思います。ところが、１カ月もすると、その目標は忘れ去られてしまいます。そして、次の年にまた同じ目標を立てたりします。

たとえば、ダイエット。たとえば、英語習得。たとえば、早起き。さまざまな目標を立てますが、なかなか達成できません。これまでに、習慣を身につけることをテーマにした書籍がたくさん出版されているのも、「努力を続けることができない」という悩みを抱えている人がたくさんいるからです。

では、なぜ多くの人が目標を達成できないのでしょうか？

それは、目標の達成がイス取りゲームのようなものである、という認識が一般的ではないからだと思います。

イス取りゲームのイスは、「自分の時間」です。イスに座る人は、「やりたいこと」です。多くの人は、これまでの生活様式を変えることなしに、新しい行動を追加しようとします。それは、5つしかないイスに、6人、7人、8人……とどんどん人を増やして座らせようとするようなものです。

たとえば、ダイエットのためのジム通いや、英語習得のための勉強であれば、それを行なうために、1日のうちの一定の時間を要します。ジムに行って、着替えて、帰る時間も必要です。したがって、今まで当然のように行なっていた行動のどれかをあきらめてガマンしなければならなくなります。

ジム通いや英語の勉強にかかる時間が2時間だとするならば、今までほかのことに使っていた2時間という時間を、ほかのことをガマンして作り出さなければならないのです。「ほかのこと」とは、テレビやインターネットやゲームかもしれません。SNSに投稿したり、友人の投稿にコメントしたりする時間かもしれません。1時間かけていた入浴を15分に短縮するということかもしれません。

早起きであれば、その分早く寝なければならないわけですから、夜に行なっていた行動をあきらめてガマンしなければなりません。寝る前にお酒を飲むことや本を読むことを日々の楽しみにしていたという場合でも、それをガマンしなければならないということです。

いずれにしても、イスの数と同じ人数にしなければ、続けることはできないわけです。

「やらないこと」を棚卸ししてみよう

では、「1日のうち、どの時間を犠牲にするか？」ということですが、そのためには、自分の1日の時間の使い方を知る必要があります。方法としては、1日をすごす過程で、「○時○分から○時○分までは朝食の準備」「○時○分から○時○分までは、ぼーっとした」などと、自分の時間の使い方を記録していくことです。1週間も続ければいいでしょう。きっと驚くはずです。なぜなら、いかに自分がムダな時間をすごしているかを発見するからです。

そこで、まずはそのムダな時間をなくすことによって、時間を作り出しましょう。

それでも足りない場合には、ほかの時間をあきらめていくのです。

私がこの時間の使い方を体感したのは、司法試験の受験勉強をしていた時期です。

私は大学3年生のときに司法試験を受けることを決め、「絶対に合格する」と強く心に誓いました。そして、司法試験に合格するという目標を達成するために、それまでの自分の生活を見直しました。合格するためには、当然ながら、大量の勉強時間を作り出さなければならないと考えました。そこで、目標達成のためのイスに、勉強、部活、バイト、週1時間のテレビだけを座らせることにしたのです。

大学の部活動は体育会の器械体操部でしたが、体育会なので、週6日の練習でした。かなりハードな練習でしたが、いったん入部した以上、最後までやり切ろうと決意していたので辞めませんでした。生活費や参考書の購入代などが必要なので、4件の家庭教師のバイトも続ける必要がありました。そして、毎週日曜日の夜中に1時間番組でやっていたプロレス番組を見ることのみを、自由時間として自分に許しました。

それ以外のことはすべて削ぎ落して勉強に打ち込みました。机に向かっている時間だけでなく、起きてすぐ、食事中、電車、歩行中、入浴中、寝る前などにも、自分で基本書を読み上げてテープに吹き込んだカセットをウォークマンで聞いていました。

食事も、食後は脳の働きが悪くなり能率が落ちると感じたので、昼食は抜き、それ以外も、脳に糖質を送ることのみを目的に食べていました。
もちろん私も、遊びたいし、飲みにも行きたかったし、だらだら怠けたいという気持ちもありましたが、それらすべてをガマンし、勉強時間を作り出しました。その結果、大学を卒業した年に、司法試験に合格することができました。

当時の自分を思い返してみると、まさに鬼神のごとく勉強していたと思います。今はとても真似できないなと感じます。しかし、仮に私が今、本気でなんらかの目標設定をしたとすれば、スマホを持たないのではないかと思います。スマホに入っているアプリの多くは広告収入を目的としたアプリです。広告収入を目的としている以上、いかにアプリを開かせるか、開いたアプリをいかに長時間使わせるかが勝負の分かれ目になってきます。そのため、アプリ内に変化があればすぐに通知し、いったんアプリを開いたらできる限りアプリを閉じさせないよう最大限の工夫が施されているのです。そのため、スマホが自分の限られた時間のうち、かなりの時間を奪ってしまうのです。「スマホに自分の時間を奪われたくなければ、究極的にはスマホを手放すしかなくなる」というわけです。

「何をガマンするか?」を決めよう

目標を達成したり、仕事で成功したりするためには、そのことに対して、他人よりも多くの時間を使うことが必要です。そして、**いかに大量の時間を投下するかということは、いかにほかのことをガマンするかということにほかなりません。**そのために最初にしなければならないのは、限られた数のイスに、誰を座らせて誰を座らせないかを決めること、すなわち、何をあきらめ、ガマンするのかを決めることです。

今まで当たり前にしていたこと、しなければならないと思っていたこと、したいこと、特に意識もせずすぎていった時間を、一から見直して検討するのです。

「はじめに」でも述べたように、私は、本業の弁護士業務以外でも、50冊以上の本を書いたり、税理士法人やIT企業を経営したり、セミナーを行なったりしており、そのための時間を年間1400時間以上作り出せているのは、遊んだり怠けたりしたい気持ちを少しガマンし、週末も休まずに仕事をしているからです。

仕事をまったくしない日というのはありません。大げさにではなく、文字通り1日も、です。たとえば、事務所のメンバーと旅行などに行ったとしても、観光やゴルフなどに参加することなく、ホテルの部屋にこもって仕事をしています。これは、別に休みがないことを自慢したいわけではなく、「私はこんなに大変なんだ」ということを自慢したいわけでもありません。「自分の時間をどう使うのかは、自分で決めることができる」ということをお伝えしたいのです。

今の私は、仕事、睡眠、筋トレ、食事、寝る前にユーチューブで筋トレ動画やビジネスや歴史の解説動画などを見る、週末に映画を見る、というように、イスに座らせることを決めています。そして、それ以外のことをするのはあきらめています。

私にも、「ビジネス書以外の小説を読みたい」「お寺や城など歴史的建造物を観光したい」「美術館巡りをしたい」「アメリカのゴールドジムに行ってみたい」など、やってみたいことはあります。何年後か、何十年後かに、これらのことをイスに座らせることができたらいいなと思っていますが、今はガマン、ガマンです。

あなたも、目標を決めるときには、自分に次の質問をしてみてください。

「この目標を達成するために、私は何をガマンするのか？」
「それをガマンしてでも達成したい目標なのか？」

「どんな理由があっても、気分が落ち込んでも、ガマンできるか？」

さあ、イス取りゲームの音楽が止みました。イスに座っているのは誰でしょうか？

「やる気とガマン強さは、すべてを克服する」
——ベンジャミン・フランクリン

「毎日少なくとも1回、何か小さなことを断念しなければ、毎日は下手に使われ、翌日も駄目になるおそれがある」
——ニーチェ

Episode 19 環境を断つ勇気

オーストリアに15歳の少年がいた。ある日少年は、サッカーチームのコーチから、脚の筋力を高めるためのウエイトトレーニング（ダンベルやマシンなどを使った筋力トレーニング）を教わった。少年は次第にウエイトトレーニングに夢中になり、激しいトレーニングに打ち込んでいった。

そんな少年の姿を見て、父親が尋ねた。

「そんなに筋肉をつけてどうするつもりだ？」

すると少年は答えた。

「僕は世界一のボディビルダーになります。そして、アメリカに行って映画に出演したいです」

父親は息子の頭がおかしくなったのかと心配した。

友人たちもこう言って止めた。

「ボディビルはオーストリアじゃなくてアメリカのスポーツだよ。世界一になりたいなら、サッカーで目指せばいいじゃないか」

けれど、少年はそんな周囲の意見には耳を貸さず、ひたすら厳しいトレーニングに励んだ。そして、21歳のとき、スポーツバッグとトレーニングウエアと20ドルだけを持って、アメリカに渡った。

英語もまだうまくしゃべれない中、ジムで毎日5時間、壮絶なトレーニングを行ない、体を作っていった。

そして、23歳のとき、ボディビル大会の世界最高峰とされる「ミスター・オリンピア」で優勝した。さらには、当時は誰も成し遂げていなかった、ミスター・オリンピアで7回も優勝するという偉業を達成した。

ボディビル界で有名になった彼は、「映画に出演したい」と言った。

それを聞いた映画のエージェントは笑った。

「何を言っているんだ。君の英語はドイツ語なまりじゃないか。しかも君の体は筋肉がつきすぎていてモンスターみたいだ。そんな映画俳優なんて見たことないよ」

しかし彼はあきらめなかった。ボディビルを引退し、それまでトレーニングに費やしていた時間を、演技のレッスンやボイスレッスン、英語の発音を矯正するレッスンなど、俳優になるための訓練に費やした。

そして、37歳のとき、出演した映画が世界的に大ヒットし、一躍ハリウッドスターになった。

ハリウッドスターになった彼は、「アメリカに恩返しをするために、州知事になりたい」と言った。

それを聞いた人びとは驚いて言った。

「そんなの無理に決まってるよ。君は移民一世で、政治的な地盤もないじゃないか」

「もし本気で知事になりたいのだとしても、せめて市長や議員から出発して地道に政治家のキャリアを積まなくちゃいけないよ」

しかし、そのときも彼は反対する意見に耳を貸さなかった。協力してくれる人びとの力を借りながら、全力で選挙活動に打ち込んだ。

そして、56歳のとき、カリフォルニア州知事になった。

彼の名は、アーノルド・シュワルツェネッガー。

目標達成を妨げるものは切り捨てる！

私の趣味は筋トレです。1時間のトレーニングを、毎回部位を変えて、週5～6日程度行なっています。とはいっても、ボディビルダーを目指しているわけではなく、大会に出ることもありません。「年をとっても足腰が弱くならないように」というなんとも消極的な目標からのスタートでした。

『マッスル・アンド・フィットネス』や『IRONMAN（アイアンマン）』というボディビルダー向けの雑誌を定期購読していますが、ボディビル界のレジェンドであるシュワルツェネッガー氏については、現在でもよく特集が組まれています。その中に、シュワルツェネッガー氏の次のような言葉が載っていました。

「自分とかかわりのある人や職場環境などが、自分にマイナスの影響を与えていると感じたら、私はすぐさまその関係を断つ。それが仕事だろうが、友だちだろうが、私にマイナスの影響をもたらし、目標に向かうための障害になるのなら、躊躇《ちゅうちょ》せずにその関係を断ち、職を変え、トレーニング環境を変え、自分の目標にまっしぐらに向か

うだろう」

徹底しています。

「ガマンできなくなったら、仕事を辞めよう」ではなく、「耐えられなくなったら、友だちをやめよう」でもない。ただ「マイナスの影響を与えていると感じた」だけで、「躊躇せずに、即座に関係を断つ」と言い切っているのです。

最初に紹介した彼の経歴は、まさにそんな思考法を具現しているといえるでしょう。

シュワルツェネッガー氏が自分の目標を語ったとき、彼の周りには必ず否定的な意見をいう人たちがいました。「そんなのは無理だ」「前例がない」「時間のムダだ」――そのような言葉に耳を傾けていたら、彼の成功はありませんでした。

ボディビル、映画、政治と、まったく違う分野で成功をおさめることができたのは、**否定する人たちの意見には耳を貸さず、自分の時間を、目標達成のために自分が使いたい作業にあてたからです。**「目標達成のために今できることは何か？」を真剣に考えて優先順位を決め、それ以外のものは切り捨てるという姿勢を徹底して貫いたからです。

時間管理について話すと、たいてい「会社の拘束時間が長いから無理だ」「上司の指示には逆らえない」「同僚との付き合いがあるから、無理だ」など、いろいろとできない理由について説明する人がいます。

しかし、そのような言い訳は、シュワルツェネッガー氏には通用しません。少しでも目標にとって障害となるなら、さっさと会社を辞め、関係を断ち切ってしまうでしょう。

私たちは無人島で自給自足の生活を送っているわけではありません。周囲にはさまざまな人がいて、自分を取り巻く環境があって、その中で生活をしています。そのため、周囲にいる人や環境が、私たちの考え方や行動に影響します。

あなたが今いる環境は、あなたにとってプラスでしょうか？

あなたがやりたいと思ったことを、無理だと反対する人はいませんか？

あまり望まない人付き合いや、頼まれごとに時間をとられてはいませんか？

自分の意に反して、自分の時間を他人に奪われてはいませんか？

あるいは、あなた自身が、やりたいことができないことを、周囲の人や環境のせいにしていませんか？

もう一度よく考えてみてください。

あなたの時間は、あなたの人生そのものです。他人の感情を害したとしても、場合によってはその人との関係が断たれることになったとしても、今いる環境を捨てなければならなくなったとしても、「自分の時間を守る」ということを本気で考えてみてもいいのではないでしょうか？　あなたの人生にはそれだけの価値があるのです。

「あなたの一挙手一投足に反対する人を見つけるでしょう。その人の言うことを聞いてはいけません。ただあなたの行く方向を目に見えるようにし、行きたい場所をしっかりと把握してください。自分を信じて地獄のようなその場所を抜け出してください。ルールを壊して、絶対に失敗を恐れないでください。」

――アーノルド・シュワルツェネッガー氏

Episode 20 親からお金を分けられた3人の兄弟

あるところに、３人の兄弟がいた。父親は裕福で、息子たちには人生経験を積んで成長してほしいと思っていた。そこで、息子たちを呼び出して、こう言った。

「お前たちにこの金を与えよう。好きなように使っていいから、家を出て、それぞれ自分の力で生活してみなさい。そして10年後に帰ってきて、どんな人生を送ったのかを話しておくれ」

兄弟たちは言われた通り、お金を平等に分け、家を出ることにした。

10年後。

兄弟たちは戻ってきて、父親に語った。

長男は、身なりもみすぼらしく、やつれて、寂しそうだった。

「私は、楽しい人生を送りたいと思っていたので、お金は楽しいと思えることに使うことにしました。欲しいと思ったものを買ったり、おいしいものを食べたり、友人を呼んで宴会を開いたりしました。そのときは楽しいと思ったのですが、すぐに飽きてしまい、あとになって虚しくなりました。ならばもっと楽しいことをしてやろうと、どんどんお金を使って遊んでいるうちに、お金はすっかりなくなってしまいました」

次男は、身なりはそれほど悪くなかったが、疲れていて、不機嫌だった。

「私は、お金は大切にしなければならないと思っていたので、もらったお金は土に埋めておくことにしました。そして、その日に食べる分は、その日に働いて稼ぐことにしました。1日肉体労働をすると、もう夜にはくたくたです。同じ生活を10年間続けてきました。土に埋めたお金を掘って、持ち帰りましたが、10年間で物価が上がってお金の価値が10分の1になってしまいました」

三男は、身なりもよく、血色もよく、幸福そうだった。

「私は、自分の成長のためにお金を使おうと思いました。学校に通い、経営の勉強をして、商売を始めました。勉強はつらかったし、商売も最初はうまくいかず失敗することもたくさんありましたが、あきらめずに一生懸命働きました。徐々に商売も軌道に乗ってきたので、次は資産運用の勉強をして、投資もするようになりました。投資は成功し、お金はどんどん増えていったので、人の役に立てるよう慈善事業も始めました。とても幸せな人生を送っています」

人生の目的は「幸せである」こと

さて、この兄弟に平等に分け与えられた「お金」を「時間」に置き換えて考えてみましょう。

人間には1日24時間の時間が平等に与えられています。平均的な寿命をまっとうする人には、生まれた瞬間に膨大な時間が、平等に与えられます。それをどのように使うかは本人次第です。

アリストテレスは、「人生の目的は幸せであることだ」と説きました。この考えに異存がある人はいないと思います。時間は人生そのものですから、「どういう時間の使い方をしたいか？」と問われれば、究極的には「幸せになるために使いたい」という答えになるでしょう。

では、幸せとはなんでしょうか？

幸福については、さまざまな人が幸福論を語り、「人はどんなときに幸福を感じるか？」という研究もなされています。

たとえば、ポジティブ心理学で有名な心理学者、マーティン・セリグマンは、幸福の要素として、次の5つを挙げています。

1　ポジティブな感情と喜び
2　何かを達成すること
3　他者とのかかわり合い
4　何かに没頭すること
5　意義を見出すこと

また、アドラー心理学では、「幸福とは、貢献感である」としています（岸見一郎『嫌われる勇気』ダイヤモンド社）。

同意できる人は多いと思います。

あなたの時間を奪うものは？

3人の兄弟のうち、幸せだと語ったのは、三男だけでした。

長男は、楽しいことばかりにお金を使ってきました。時間で考えれば、欲求のおもむくままに、楽しいことに時間を使うことです。インターネット、テレビ、ゲーム、飲み会、遊びなど、手軽にできて、楽しいことはたくさんあります。

特に、インターネットの世界では、面白そうな動画や記事やゲームや映画が無限とも思えるほどにあり、自分の好きな分野に限ったとしても、一生かかっても見切れないほどのコンテンツがあります。時間はいくらあっても足りないでしょう。

しかし、その瞬間は楽しいと感じても、あとになって虚しさを感じてしまいます。楽しいことばかりしていたのでは、達成感や意義が見い出せないからだと思います。

評論家の福田恆存《つねあり》が次のようなことを書いています。

「昔はあったのに今は無くなったものは落着きであり、昔は無かったが今はあるものは便利である。昔はあったのに今は無くなったものは幸福であり、昔は無かったが今はあるものは快楽である」

（「消費ブームを論ず」『福田恆存全集　第五巻』新潮社、1961年）

この文章は、インターネット登場前の1960年代に、消費に重きを置いて生産を軽んじる当時の風潮に警鐘を鳴らすために書かれたものですが、まるでインターネットやゲームやテレビなどに時間を使っている現代の私たちのことを書いているように感じます。一見便利で手軽な息抜きに見えるインターネットなどによって人間にもたらされるのは、刹那《せつな》の快楽であり、それは幸福ではないということは真理なのではないでしょうか。

次男は、せっかく与えられたお金があったのに、それを有効に使うことができませんでした。そして、1日働いては疲れ切ってしまい、ほかのことは何もできず、変わらない毎日をすごしてきました。

これは、時間で考えると、「あれもしなきゃこれもしなきゃ」と考えていたり、「忙しい、忙しい」と言ってばかりで、目の前の作業に集中できておらず、結果として時間を有効に使えていないという状態です。何かに没頭することも、意義を見い出すことも、達成感を感じることのない生活では、幸福感を感じることは難しいでしょう。

時間を有効に使っているといえるためには、集中が欠かせません。集中することで生産性が上がり、ポジティブな感情になったり、自己肯定感が増したり、物事を達成したりでき、それが幸福感につながるのです。

しかし、前述の「マルチタスクのワナ」（188ページ）でも述べましたが、現代ほど集中することが難しい時代はいまだかつてなかったでしょう。私たちの身の回りには、物があふれ、情報があふれ、絶えず私たちの気をひこうとしています。

たとえば、今あなたは、パソコンを開いて、仕事の書類を作成しようとしているとします。しかし、その間にスマホをチェックしたりしていませんか？　調べものをしているとき、ふと目についた、明らかに調べている内容とは違う項目だけれど、興味をひかれた記事をついクリックしてはいませんか？　ふと気になって、メールを開いたりしていませんか？

同じように、家族と食事をする時間なのに、つい仕事のことを考えていたり、スマホを見たり、テレビに気をとられていたりしませんか？

帰宅して何気なくスマホを手にして、そのままネットサーフィンをして「気づいたら1時間もたっていた」なんてことはありませんか？

休暇中にせっかく旅行に来たのに、美しい景色や気持ちのよい風や満天の星に気づくことなく、友人のＳＮＳをチェックしたりしていませんか？

人生は「選択と集中」で決まる

このような状況で、いつも何かに追われているように、絶えずあちらこちらに気を散らしながら生活をしていたのでは、あっという間に時間だけがすぎ、達成感を得るどころか、「自分は何をしていたのだろう？」という疲労感だけが残ってしまいます。

集中するためには、「今は何をする時間か？」を常に意識することが大切です。

パソコンで書類を作成する時間、メールに返信する時間、電話をかける時間、同僚と会話する時間、家族と食事をする時間、本を読む時間、テレビを見る時間、ＳＮＳをする時間、寝る時間、景色を眺める時間、ぼーっとする時間など、そのときそのときに自分がやることを、自分の価値観に基づいて選択し、選択したらそのことだけに集中するように心かけます。

ドイツの精神分析学者のエーリッヒ・フロムは名著『愛するということ』（紀伊国屋書店）で、次のように書いています。

「何をするにつけても精神を集中させるよう心がけなければいけない。音楽を聴くときも、本を読むときも、人とおしゃべりするときも、景色を眺めるときも、である。そのとき自分がやっていることだけが重要なのであり、それに全身で没頭しなければいけない。」

「集中するとは、いまここで、全身で現在を生きることである」

近年マインドフルネスや瞑想が脚光を浴びているのも、「集中する」ということの本質を、私たちが忘れてしまっているからかもしれません。何をするときでも、「今は何をする時間か？　何に集中する時間か？」と自分に問いかけることを習慣にしましょう。

三男は、自分の成長のためにお金を使いました。集中して勉強し、努力して働くことで、さらにお金を増やすことができました。けれど、結局三男が幸福だと感じているのは、お金が増えたという事実ではなく、「自分が生きたいと思った人生を生きている」

という充実感であると思います。それは、自分でどのように時間を使うかを、自分の価値観に基づいて選択し、選択したことに集中することで目標を達成するという時間の使い方にほかなりません。真に自分のためになるという時間の使い方を選択し、集中して行動することで、より多くの果実を得ることができ、幸福な人生を送ることができるのです。

あなたがどのような状況にあっても、何歳であっても、どのような人生を送るのかを、今、ここから選択することができます。

「最上の幸福は、1年の終わりにおいて、年頭における自己よりも、よりよくなったと感ずることである」

——トルストイ

Episode 21 「ウサギとカメ」の真実

ある日、カメが歩いていると、ウサギがやって来て、「カメさんよ。どうして君はそんなに歩くのが遅いんだい？　君ほど遅い者は世界中にいないんじゃないかい？」と言ってバカにした。

カメが怒ったので、ウサギは、「じゃあ、あの山の麓《ふもと》まで競争しないか？　君が僕に勝ったら謝るよ」と言った。そこで、カメは「望むところ！」ということで、競争することになった。

「よーい。スタート！」

スタートすると、ウサギがみるみるカメを引き離していった。ゴール間際に

なり、ウサギは後ろを振り返り、

「あんなに遅いんじゃ、ここまで来る頃には夜になってしまうよ。少し休もう」

と考えているうちに、ウトウト眠り込んでしまった。

ウサギがはっと目を覚ましてゴールを見ると、カメがゴールして、喜んでいたのだった。

人生の大原則「自分が勝てる分野で勝負をする」

脚色していますが、これはご存じイソップ寓話集の「ウサギとカメ」です。有名な童謡もあり、おそらく日本人であれば誰でも知っていると思いますが、ウサギとカメが、どちらの足が速いのかを駆けっこで競う話です。ウサギは当然、スタート直後からカメに大きく差をつけますが、余裕があるあまり途中で寝てしまったため、追い抜かれ、カメが勝利するという結末です。

教訓としては「慢心してはならない」「コツコツ地道に努力するのが大切」といったところだと思います。確かに、この教訓は正しいものかもしれませんが、ビジネスの世界では、このおとぎ話におけるカメの戦略はほとんど役に立ちません。

現実には、カメはウサギに駆けっこで勝つことはできないからです。ある分野で、力が圧倒的に上の相手と勝負すれば、当然のごとく圧倒的に負けます。しかも、勝負が長引けば長引くほど、途方もなく差が開き、追いつくことは不可能となります。競走中に休んでくれる人はいません。たとえば、一流レストランのシェフがテニスの世界チャンピオンとテニスで勝負しても勝てるはずがありません。

そもそもカメは、なぜよりによって駆けっこでウサギと勝負をしようと考えたのでしょうか。童謡から引用すれば、「どうしてそんなにのろいのか」とウサギに足の遅さをバカにされたことが原因です。つまり、ウサギの挑発に乗って、相手の得意分野で勝負を挑んでしまったのです。これでは相手の思うつぼ。絶対にしてはならないことです。

ビジネスパーソンである私たちが、ウサギとカメの寓話から学ぶべきことは、「自

分の苦手な分野で勝負してはならない」ということです。そして、**「自分が勝てる分野で勝負をする」**ということです。

たとえば、カメは潜水で勝負すれば圧勝したでしょう。潜水にまで持ち込めなくても、せめて途中に泳ぎが入るようなコースを提案したりして、自分の得意分野を生かせるような勝負に持ち込むべきだったのです。

ビジネスは、駆けっこのような単純な勝負ではありません。さまざまな要素が複雑に絡み合い、多数の人材の、多くのスキルを必要とします。そして、その人材やスキルについては、近年、専門化、細分化が加速しているように思います。

考えてみれば、そもそも文明の歴史とは、専門化・細分化の歴史であるともいえます。私はステーキが好きですが、もし私が狩猟採集民であったならば、ステーキを食べるためには、獲物を狩り、さばき、火を起こして焼く、という作業をすべて自分でできるようにする必要がありました。おそらく何回も狩りの練習、実践を繰り返し、よりうまくできるように創意工夫し、時間をかけて鍛錬を積んだと思います。

しかし、現在ではそこに時間をかける必要はありません。私は普段、自分が得意な弁護士業務に集中してお金を稼ぎ、そのお金を持ってレストランに行けば私の代わりにステーキをさばいておいしく焼いてくれる人がいるし、スーパーにもすぐに焼ける状態にしてある肉が売っています。

生きていくために必要な作業を、すべて自分でやるのではなく、それぞれの作業が得意な人にまかせて生活しているのです。

会社も同様です。大企業がたくさんの下請け会社を使っているように、自分の会社でできることと、外注することを分けて、1つの製品なりシステムなりを作っているのです。

弁護士という仕事もそうです。裁判でも交渉でも、別に弁護士に依頼しなくても、やろうと思えば自分でできます。しかし、自分の抱えている問題について、たとえネットでいくら調べても、関連書籍を数冊読んでも、弁護士の持つ法律知識や交渉スキルには到底及びません。特にネットに出ている情報は間違っていることが多いので、そのような情報をいくら調べてもそれこそ時間のムダということになってしまいます。

同じ会社内でも同様です。多様な人材がいれば、それぞれ得意な分野、苦手な分野があるでしょう。その中で、あなたが得意とする分野はなんでしょうか？　ライバルに勝つにはどうすればいいでしょうか？

たとえば、ライバルと目する優秀な同僚がいるとします。その同僚の優秀さとは、なんでしょう？　それは、計算能力・事務処理能力の高さかもしれませんし、語学が堪能なことかもしれません。その場合は、あなたは相手の得意分野以外のことで、優位に立てる分野を考えなければなりません。

たとえば、事務処理が苦手だけれども、協調性があって人とすぐに仲よくなれるのであれば、営業のスキルを磨いたり、人脈を広げることに注力します。新しいことにチャレンジするのが好きなのであれば、新規ビジネスの企画に力を入れてもいいでしょう。あるいは、今の会社では自分の得意な分野で評価されることが少ないと感じたら、会社を辞めて自分の得意分野を生かせる会社に転職してもいいし、思い切って自分で起業するという道を考えてもいいのです。

「自分の得意なこと」を本気で考えよう

私がこの本の原稿を書いている最中に、新型コロナウイルス感染症の問題が起きました。現在もまだその影響下にあります。出勤者を減らすために、企業はテレワークなどのオンライン化にシフトせざるを得なくなりました。

企業の業績の悪化にともない、私の事務所には解雇の相談も増えています。

毎日出勤して指示された仕事をこなしていれば給料がもらえるという仕事形態は過去のものとなるかもしれません。もしあなたがそのような仕事形態を当然だと考えているなら、考えを改めなければなりません。「働き方改革」という言葉は、個人の事情に応じて多様で柔軟な働き方を自分で選択できるようすることを目的に政府が打ち出した指針ですが、まさに個人レベルにおいて根本的な意識改革がせまられているのです。

「どんな人物であれば会社に残ってほしいか」「起業しても仕事を頼みたいか」と言われれば、得意なことがはっきりわかって、しっかり結果を出せる人物です。何か得意分野を持っていないと、生き残っていくことが難しい世の中になってきたのです。

そんな中で、自分の苦手な分野に時間をかけているヒマはありません。得意なことに集中して時間をかけ、能力を伸ばしていかなければなりません。

「自分の得意なことがわからない」という人もいるかもしれません。そんな人は、一度本気で考える時間をとってください。

1つのヒントとして、2020年度前期放送のNHKの連続テレビ小説ドラマ『エール』の中で、「得意なこと」について説明したセリフを紹介します。

「人よりほんの少し努力するのがつらくなくて、ほんの少し簡単にできること」

得意なことというのは、もちろん楽なことではなく、かといって、それが好きなこと、楽しいことばかりではないという点がポイントだと思います。そこには当然、努力も必要だし、つらいこともあるわけです。

スポーツ選手やお笑い芸人やミュージシャンなどで成功している人を思い浮かべればわかるでしょう。彼らはそれぞれ「自分が好きなことをしている」と言うけれども、その道は決して楽なものではないし、苦しいこともあるのです。成功は、その苦しさに負けずに続けてきた結果なのです。

自分でこれだと思う分野を見つけたら、それこそカメのようにコツコツ継続し、向上を目指すのみです。そして、水の中で勝負してください。そうすれば、ライバルが昼寝をしなくても、勝利を手にするのはあなたです。

「今さら、自分を変えようとしてはならない。うまくいくわけがない。自分の得意とする仕事のやり方を向上させることに、力を入れるべきである」

――P・ドラッカー

おわりに

――「前向きにあきらめる」ことで有意義な人生を手に入れる

本書は、21個のエピソードや例え話を使って、時間を作り出し、有効活用する方法について説明してきました。

ここでポイントをまとめておきたいと思います。

本書の時間術をひと言で言うと、「自分にとって優先順位が高いことに対して最高の集中力をもってできるだけ多くの時間を投下し、そのほかのことは犠牲にし、あきらめる」ということです。

キーワードを抜き出すと次のようになります。

①優先順位が高いこと
②最高の集中力
③できるだけ多くの時間を投下

④ほかのことは犠牲にし、あきらめる

「犠牲にし、あきらめる」という部分が難しいかもしれません。しかし、そのほうが結果的に幸福度の高い人生を送れることは、本書で繰り返し述べてきたところです。

そのための時間術の実行プロセスは、次のようになります。

1 自分の価値観を知る
2 価値観にしたがって優先順位を決める
3 優先順位にしたがってやることを絞り込む
4 3で決めた以外のことを犠牲にし、あきらめる覚悟を決める ←ココ重要
5 自分の時間を奪おうとする人間関係・機器類を整理する ←難しいが、やり切る
6 栄養・睡眠・運動により、最高のパフォーマンスを発揮できる状態にする
7 集中力が途切れないよう休憩を活用する

一番最初に、「自分の価値観を知る」ということが来ていますが、自分の時間は自

分の価値観にしたがって使うのが最も望ましいことになります。人生は、自分の時間を日々使用し、その時間だけ残りの人生を減らしていく活動です。つまり、時間は人生そのものです。したがって、自分の生き方を決め、その生き方にしたがって時間を使っていくことになります。

仮に、自分の優先する価値観として、「他人に貢献する」ということであれば、他人のために時間を使うことが最も大切なことになります。これにしたがって優先順位が決められます。「なるべく多くの他人に貢献する」ということであれば、自分1人の時間や自己成長の時間を犠牲にしてでも多くの人にかかわり、その人たちに貢献するための時間を作り出していくことになるかもしれません。

「他人に貢献する」という価値観でも、「家族を大切にする」ということであれば、拘束時間の長い会社は退職し、人付き合いも整理していくことになるでしょう。そのために収入が少なくなり、辛い仕事につかなければならなくなったとしても、それは、自分の価値観にしたがった結果だといえるでしょう。すべてを叶えることは不可能だと理解することです。

また、「他人に貢献する」という意味が、「感染症を撲滅して、人びとの健康を守る」

ということであれば、障害となる人間関係を切り捨てて研究に没頭することになるかもしれません。そして、決めたら、あとは突き進むのみです。

時間術は、自分の価値観にしたがって、自分に最も望ましいものを作り出していく必要があるのです。

ですから、「自己投資すべきである」などの特定の価値観を強制するつもりはありません。自分の価値観に沿った時間の使い方をすればよいと思います。

私が優先するのが仕事方面なので、本書では仕事の話が多くなっているのですが、あなたはご自身の価値観にしたがって時間の使い方を決めていけばよいのです。たとえば、ゲームが大好きで、「少しでもゲームをする時間を増やしたい」ということであれば、仕事や人間関係を整理し、ゲームに集中的に時間を投下していけばよいのです。

しかし、それでも、「何かの価値観を優先する」ということは、必ず「それ以外の価値観を犠牲にする」ということになります。「自分の優先する価値観を満足できればそれでよし」と考えることも大切です。

人間関係を良好に保つことを優先すれば、当然のように自分の時間がなくなるのです。ですから、自分の時間を確保することをあきらめる必要があります。ここがとても重要なポイントです。あきらめる覚悟をしないと、ストレスが生じて集中力を欠く結果となります。私たちは、どうしても欲張りで、「あれもこれも」と考えてしまいがちになりますが、それは不可能だと割り切って進んでいくようにしましょう。

ぜひ、本書の時間術を取り入れて有意義な人生をすごしていただきたいと思います。

２０２０年８月　谷原　誠

谷原 誠（たにはら まこと）

弁護士。1968年愛知県生まれ。91年明治大学法学部卒業。同年司法試験に合格。現在、弁護士が20人以上在籍するみらい総合法律事務所代表パートナー。テレビのニュース番組などの解説でも活躍する。著書に『「いい質問」が人を動かす』『気持ちよく「はい」がもらえる会話力』（いずれも文響社）ほか、多数。

超多忙な弁護士が教える
時間を増やす思考法

2020年10月22日　初版発行

著　者　谷原 誠

発行者　太田 宏

発行所　フォレスト出版株式会社
〒162-0824　東京都新宿区揚場町2-18　白宝ビル5F
電話　03-5229-5750（営業）　03-5229-5757（編集）
URL　http://www.forestpub.co.jp

印刷・製本　中央精版印刷株式会社

ISBN978-4-86680-100-1　　Printed in Japan
乱丁・落丁本はお取り替えいたします。

最大限の時間を投資するための「人生の最優先事項」が見つかる！

特別データ

無料プレゼント

著者・谷原誠さんより

本書で繰り返し語られている「人生の最優先事項に時間を投資する」ことに役立つ「自分の時間を有効に使うための質問シート」の PDF ファイルを読者の皆さまに無料でご提供します。ぜひともご活用ください。

特別プレゼントはこちらから無料ダウンロードできます↓

http://frstp.jp/tanihara2

※特別プレゼントは Web 上で公開するものであり、小冊子・DVD などをお送りするものではありません。

※上記無料プレゼントのご提供は予告なく終了となる場合がございます。あらかじめご了承ください。